解き方を覚えて
弱点克服!

一級建築士合格
構造力学

本田忠彦 著

Ohmsha

本書を発行するにあたって，内容に誤りのないようできる限りの注意を払いましたが，本書の内容を適用した結果生じたこと，また，適用できなかった結果について，著者，出版社とも一切の責任を負いませんのでご了承ください．

本書は，「著作権法」によって，著作権等の権利が保護されている著作物です．本書の複製権・翻訳権・上映権・譲渡権・公衆送信権（送信可能化権を含む）は著作権者が保有しています．本書の全部または一部につき，無断で転載，複写複製，電子的装置への入力等をされると，著作権等の権利侵害となる場合があります．また，代行業者等の第三者によるスキャンやデジタル化は，たとえ個人や家庭内での利用であっても著作権法上認められておりませんので，ご注意ください．

本書の無断複写は，著作権法上の制限事項を除き，禁じられています．本書の複写複製を希望される場合は，そのつど事前に下記へ連絡して許諾を得てください．

出版者著作権管理機構
（電話 03-5244-5088, FAX 03-5244-5089, e-mail：info@jcopy.or.jp）

JCOPY ＜出版者著作権管理機構 委託出版物＞

は　じ　め　に

　本書は、いわゆる構造力学の入門書ではありません。これまで学校などで構造力学を学んだことがないという受験生を念頭において書かれた受験対策書です。したがって、微分、積分などの高等数学は出てきません。

　約20年分の過去問題を分析して、頻出問題を九つの章（単元）に分け、単元ごとに対応する《解き方の手順》を示しています。これを確実に身につけていくことで得点力を上げることができます。

　《解き方の手順》は、基本公式などの使い方から答えの出し方までを、試験場を想定した実践的な手書きで示し、必要に応じて説明を加えています。この手順を、できるだけ多くの問題に適用して、繰り返し使い覚えてしまうと、標準的な問題ならば7〜8割程度は解けるようになります。専門的な知識がなくても、短期間で合格レベルに達することが可能です。したがって、構造力学を苦手とする受験生にとって、この手順のマスターが問題克服の早道になると考えました。

　《解き方の手順》を効率よく学ぶために次のような工夫をしています。

①単元ごとに取り組む問題は、図のような〈わかる〉と〈できる〉の二つで一組としました。「わかった」だけではなく「できるか」も同時に学習するのです。

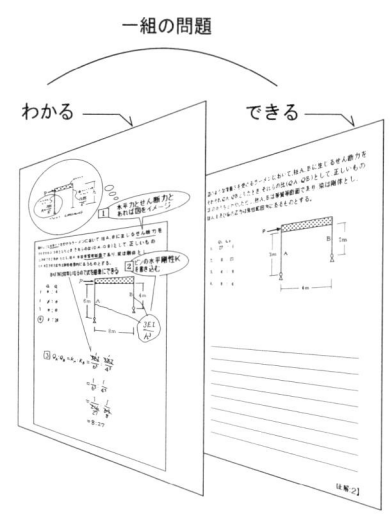

※二つは基本的に同じ問題ですが、一部の数値等を変えているので答えは異なります。

〈わかる〉は文字どおり、問題の解き方の手順を理解してもらうためのもの、そして〈できる〉は、実際にその手順が使えるかを確認するための問題で、書き込み式としました。計算問題については、わかったつもりでも、いざ、試験場でとなると、できなかったということはよくある話で、計算力をつけるには、自分の手を動かす筆算のトレーニングが欠かせません。

②各単元の問題は、やさしい問題から難しい問題へと段階的に並べました、これは、《解き方の手順》を無理なく徐々に身につけながら、繰り返し使うように考えたためです。また、これらの問題は、手順が使えるものばかりを集めているわけではありません。受験に有効と考えられるものは、手順がそのまま使えない応用問題として取り上げています。

③[用語の意味] を、適宜、設けました。ここでは《解き方の手順》を覚えるために必要となる基礎知識を説明しています。

　本書は、過去の問題を参考に構成したものですから、この出題傾向が将来も続き、手順がこのままいつまでも使えるという保証はありませんが、現在、構造力学や計算問題が不得意で、何から手をつけてよいか悩んでいるという受験生にとって、少しでもお役に立てれば幸いです。
　本書の刊行にあたり、オーム社出版部の皆さんから多大なご尽力をいただきました。ここに厚く御礼申し上げます。

2014年4月

本田　忠彦

目 次

1章 たわみ

（1）たわみとあれば表をイメージ　2
（2）式を書き込む　5
（3）計算する　5

2章 水平力

1. 水平力とせん断力 …………………………………… 24
　　（1）水平力とせん断力とあれば図をイメージ　24
　　（2）ピン（または固定）の水平剛性 K を書き込む　25
2. 水平力と層間変位 …………………………………… 25
　　（1）層間変位とあれば $\delta_i = \dfrac{Q_i}{K_i}$　25
　　（2）層間変位を図示して式を書き込む　26
　　（3）計算する　27

［用語の意味］
　1．外力　38／2．応力　38

3章 座 屈

（1）座屈とあれば表＋式をイメージ　42
（2）座屈荷重の式を書き込む　43
（3）座屈形状を書き込み l_k を求める　43
（4）$\dfrac{1}{l_k{}^2}$ で比較するので l_k の小さい方が P_e は大　44

［用語の意味］
　1．支持条件　44／2．剛度　45

4章　固有周期

(1) 固有周期とあれば $T=2\pi\sqrt{\dfrac{m}{k}}$　62

(2) T の式を書き込む　63

5章　崩壊荷重

(1) 崩壊荷重とあれば $P_u \cdot l \cdot \theta = M_P \cdot \theta$　72

(2) 外力 k による仕事 $P_u \cdot l \cdot \theta$ を書き込む　73

(3) 内力による仕事 $M_P \cdot \theta$ を書き込む　73

(4) 計算する　74

［用語の意味］
1．静定・不静定　84／2．判別式　85

6章　断面の性質

(1) 断面二次モーメント・断面係数とあれば　88

(2) 式を書き込む　88

(3) 計算する　89

7章　全塑性モーメント

(1) 　と全塑性があれば $M_P = T \cdot j = C \cdot j$　100

(2) 式を書き込む　101

(3) M_P を求める　102

(4) 題意に沿って計算する　103

［用語の意味］
1．応力度　118／2．組み合わせ応力度　118

8章 トラス

1. 部材 AC の N_1 ································· 122
 (1) 切断線を引いて→と N を描く　122
 (2) 反力を求める　123
 (3) N を求める　124

2. 部材 AB の N_2 ································· 125

3. 部材 BD の N_3 ································· 129

［用語の意味］
 1．力のつり合い　150／2．反力　152／3．軸方向力　156

9章　曲げモーメント

 (1) 右側か左側か　158
 (2) 反力を求める　159
 (3) M を求める　159

［用語の意味］
 1．柱の変形　176／2．せん断力　177／3．水平力と曲げモーメント図　179／
 4．節点に作用するモーメントの分割　183

1章 たわみ

　たわみに関する問題は、毎年のように出題されており、確実に得点したい単元である。ここでは、頻出のたわみの式とその形状を一つの表としてまとめ、その表がまずイメージできるよう学習する。

1章 たわみ

たわみの基本的な解き方の手順は、次のようになる。

《たわみの解き方の手順》
(1) たわみとあれば表をイメージ
(2) 式を書き込む
(3) 計算する

(1) たわみとあれば表をイメージ

この章に限られたことではないが、問題に取り組むとき、はじめに注目すべきは、設定された図である。たわみに関する問題では、部材のたわんだ状態の図が描かれていることが多い。この形状と「δ（デルタ）」や「θ」のギリシャ文字を確認する。

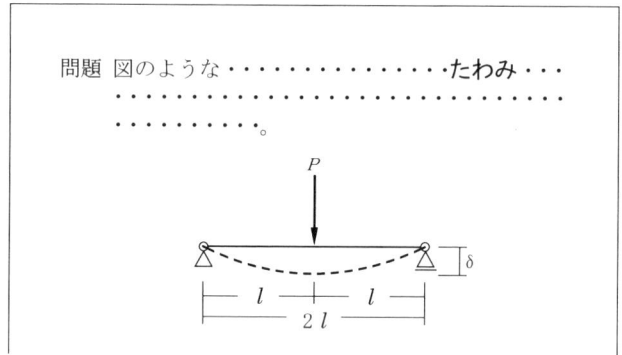

続いて、問題文の中に「たわみ」「変位（位置がずれること）」「回転角」などの文字があれば、たわみの問題である。このようなたわみの問題では、次に掲げた【たわみの表】が頭に入っていると、短時間で解ける。したがって、たわみの問題の対策として、まず表を覚える。

【たわみの表】

支持と荷重の状態	片持ち梁 集中荷重P	片持ち梁 等分布荷重w	片持ち梁 モーメント荷重M
δ	$\dfrac{Pl^3}{3EI}$	$\dfrac{wl^4}{8EI}$	$\dfrac{Ml^2}{2EI}$
θ	$\dfrac{Pl^2}{2EI}$	$\dfrac{wl^3}{6EI}$	$\dfrac{Ml}{EI}$

支持と荷重の状態	単純梁 中央集中P	単純梁 等分布w	単純梁 モーメントM
δ	$\dfrac{Pl^3}{48EI}$	$\dfrac{5wl^4}{384EI}$	ここでは覚えない
θ	$\dfrac{Pl^2}{16EI}$	$\dfrac{wl^3}{24EI}$	$\theta_1 = \dfrac{Ml}{3EI}$　$\theta_2 = -\dfrac{Ml}{6EI}$

　この表を丸暗記するとなると大変だが、それぞれの式をよくみると、そのどれもが分母にはEI[※1]を含んでおり、分子もそれぞれ作用する荷重（集中荷重P、等分布荷重w、モーメント荷重M）と梁の長さl（累乗）をかけ合わせたものである。したがって、式を構成する数字を中心に覚えればよい。これには語呂合わせが有効なので、次に参考例をあげた。

※1　EI：曲げ剛性とよばれる。Eはヤング係数（142頁参照）、Iは断面二次モーメント（88頁参照）。剛性は、外力に対して変形しにくい性質をいう。

1章 たわみ

【たわみの表】の中の変位 δ に関する五つの式を覚える方法である。

〔語呂合わせの例〕

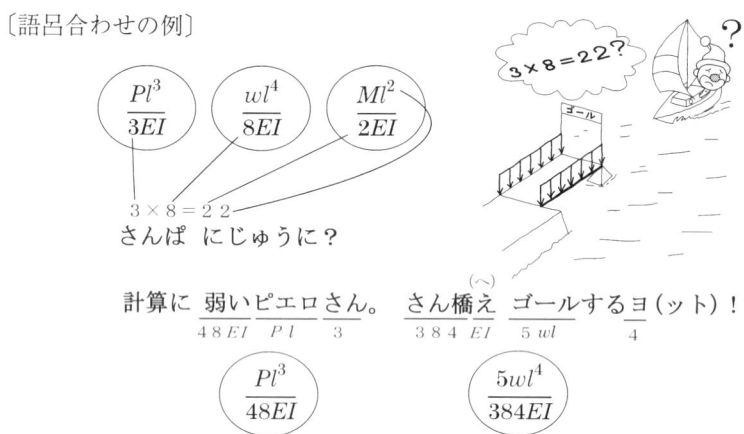

問題に取り組む前に、たわみの式をどの程度覚えられたか、実際に鉛筆を持ち、書き込んでみること。まったく書けないようだと、問題を解くのは難しい。

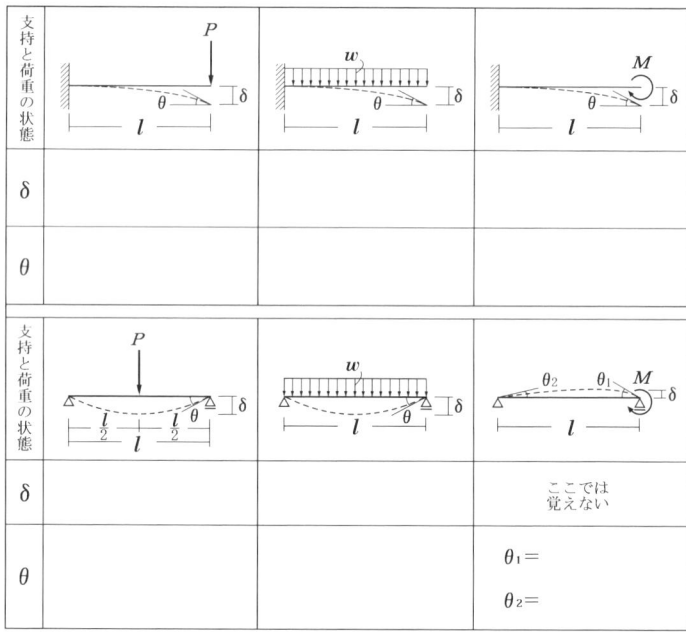

(2) 式を書き込む

【たわみの表】がイメージできたら、問題の図に対応しそうな式を、問題用紙に書き込む。もちろん、その式がそのまま使えるとはかぎらないが、式を書き出してから問題文を精読した方が、解き方の見当はつけやすい。なお、1-6 や 1-7 のように、あらかじめ問題文中に式が示されている出題もみられる。

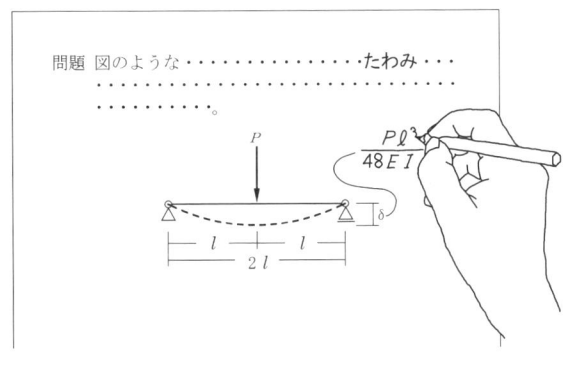

(3) 計算する

あとは、題意にしたがって、書き込んだ式を使い、計算して正解を求める。多くの問題では、計算式を簡略化できる「等質等断面（E と I が等しくなる）」や「同一材質（E が等しくなる）」などの条件が示されているので、このような点も念頭において答えを算定する。

また、試験問題では、必ず、四つの選択肢が示されているので、これを有効に利用すること。どの程度まで計算を進めればよいのかわかるし、過去には、計算をしなくても選択肢を見比べるだけで、正解が予測できる出題もあった。

以下、この《たわみの解き方の手順》を使って問題に取り組んでいくが、1-7 と 1-8 については、この手順がそのまま使えず応用問題となっている。

「わかる」の手書きの解答部分は、実際に試験場で問題用紙に書き込む要領とした。よって、制限時間なども考慮しているため、一般的な計算順序とは異なる部分や省略箇所がある。もちろん、各問題に対する解き方や考え方は幾通りもあり、本書の手順は、あくまでも一例として作成している。なお、補足説明は活字とした。

1章 たわみ

わかる 1-1

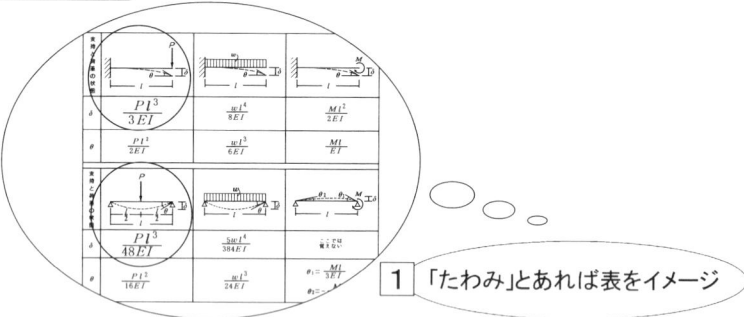

1 「たわみ」とあれば表をイメージ

図のような荷重Pを受ける梁A及びBの荷重点に生じる弾性たわみを
それぞれ δ_A(中央)、δ_B(先端)としたとき、それらの比 $\delta_A:\delta_B$ として、
正しいものは、次のうちどれか。ただし、梁A及びBは等質等断面の弾性
部材とする。

EとIは等しいということで
式を簡単にできる。

	δ_A	:	δ_B
1.	1	:	2
2.	1	:	4
3.	1	:	8
④.	1	:	16

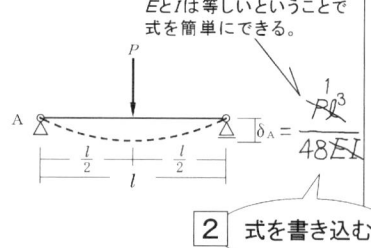

$\delta_A = \dfrac{\overset{1}{\cancel{P}} \cancel{l}^3}{48 \cancel{EI}}$

2 式を書き込む

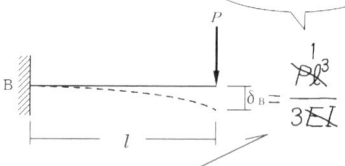

$\delta_B = \dfrac{\overset{1}{\cancel{P}} \cancel{l}^3}{3 \cancel{EI}}$

ヤング係数E、断面二次モーメントI、荷重P、梁の長さlが
梁A、B、ともに等しいので、数字だけ比べればよいことになる。

3 $\delta_A : \delta_B = \dfrac{1}{48} : \dfrac{1}{3}$

選択肢に合わせて
$\dfrac{16}{16}$をかけて通分した。

$= \dfrac{1}{48} : \dfrac{16}{48}$

$= 1 : 16$

できる 1-1

図のような荷重を受ける梁A及びBの荷重点に生じる弾性たわみを
それぞれδ_A（中央）、δ_B（先端）としたとき、それらの比 $\delta_A : \delta_B$ として、
正しいものは、次のうちどれか。ただし、梁A及びBは等質等断面の弾性
部材とする。

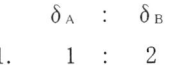

	δ_A	:	δ_B
1.	1	:	2
2.	1	:	4
3.	1	:	8
4.	1	:	16

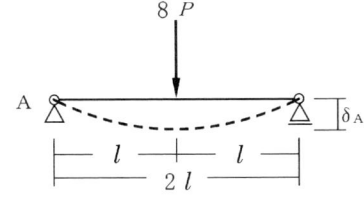

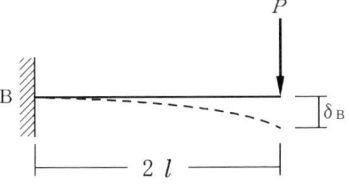

【正解：1】

1章 たわみ

わかる 1-2

1 「たわみ」とあれば表をイメージ

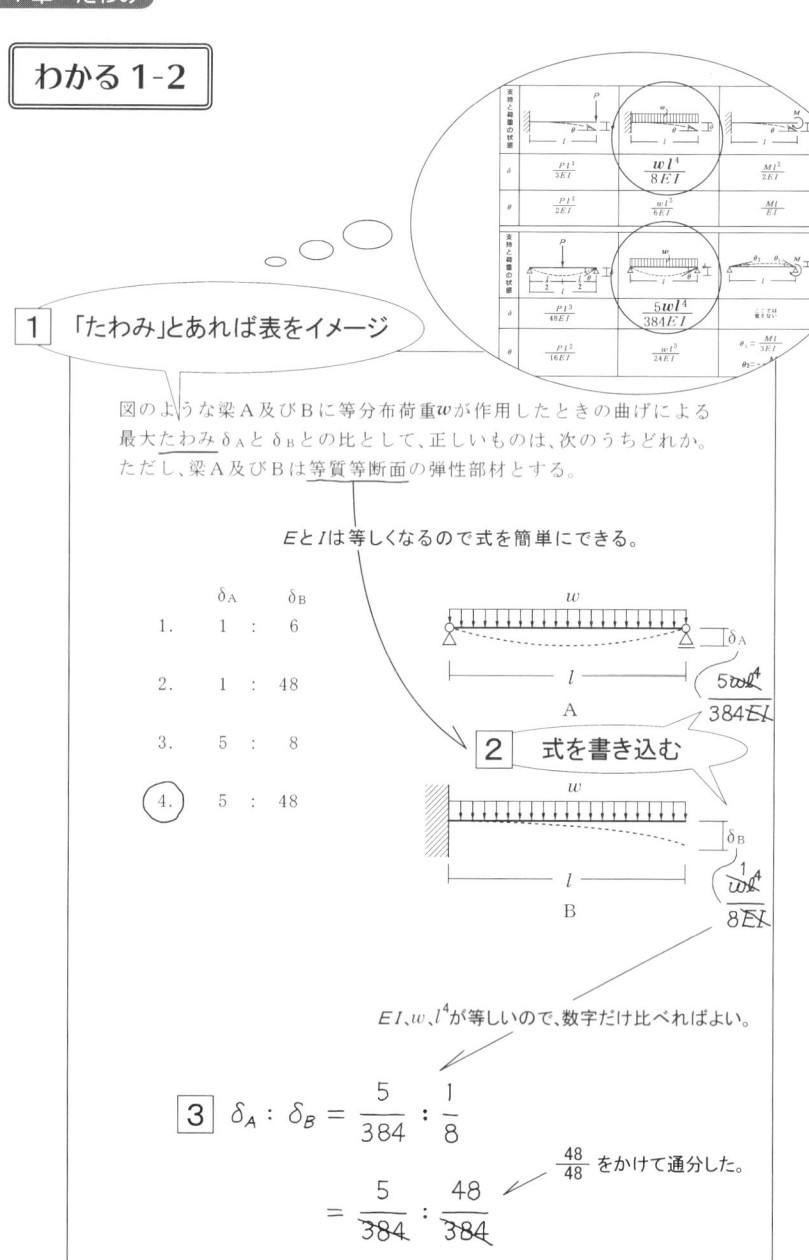

図のような梁A及びBに等分布荷重wが作用したときの曲げによる最大たわみδ_Aとδ_Bとの比として、正しいものは、次のうちどれか。ただし、梁A及びBは等質等断面の弾性部材とする。

EとIは等しくなるので式を簡単にできる。

	δ_A	δ_B
1.	1 :	6
2.	1 :	48
3.	5 :	8
④.	5 :	48

A: $\dfrac{5wl^4}{384EI}$

2 式を書き込む

B: $\dfrac{wl^4}{8EI}$

EI, w, l^4が等しいので、数字だけ比べればよい。

3 $\delta_A : \delta_B = \dfrac{5}{384} : \dfrac{1}{8}$

$\dfrac{48}{48}$ をかけて通分した。

$= \dfrac{5}{384} : \dfrac{48}{384}$

$= 5 : 48$

できる 1-2

図のような等分布荷重が作用する梁A及びBにおいて、曲げによる最大たわみδ_Aとδ_Bとの比として、正しいものは、次のうちどれか。ただし、梁A及びBは等質等断面の弾性部材とする。

	δ_A	δ_B
1.	1 : 8
2.	1 : 48
3.	5 : 12
4.	5 : 48

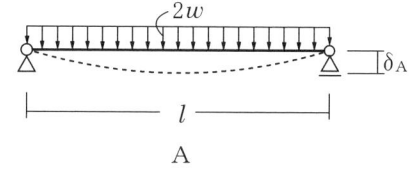

A

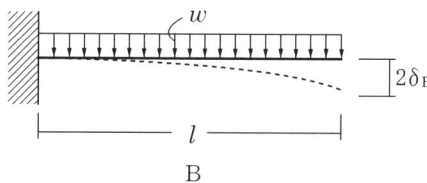

B

【正解：3】

1章 たわみ

わかる 1-3

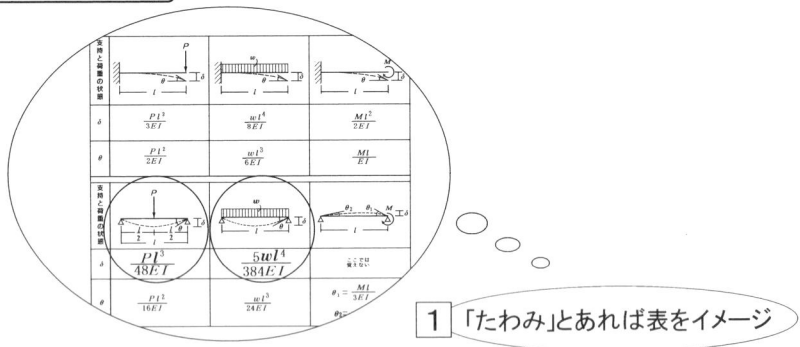

1 「たわみ」とあれば表をイメージ

図のような集中荷重 P を受ける梁A（曲げ剛性：$2EI$）及び等分布荷重 w を受ける梁B（曲げ剛性：EI）において、梁の中央のたわみが互いに等しくなるときの wl と P の比 $\dfrac{wl}{P}$ の値として、正しいものは、次のうちどれか。

1. 0.5
2. 0.8 ◯
3. 1.0
4. 1.6

2 式を書き込む

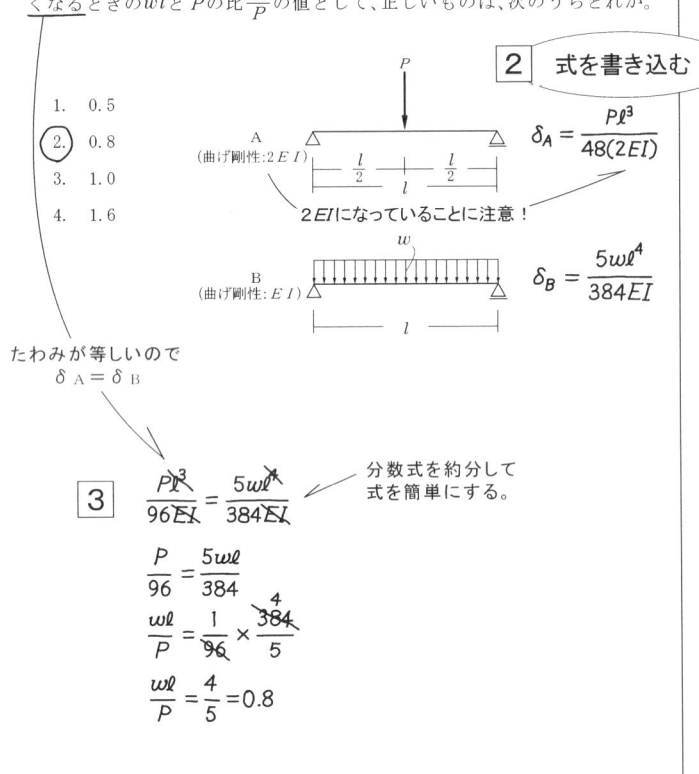

$\delta_A = \dfrac{Pl^3}{48(2EI)}$

2EIになっていることに注意！

$\delta_B = \dfrac{5wl^4}{384EI}$

たわみが等しいので
$\delta_A = \delta_B$

3 $\dfrac{Pl^3}{96EI} = \dfrac{5wl^4}{384EI}$

分数式を約分して式を簡単にする。

$\dfrac{P}{96} = \dfrac{5wl}{384}$

$\dfrac{wl}{P} = \dfrac{1}{96} \times \dfrac{384}{5}$

$\dfrac{wl}{P} = \dfrac{4}{5} = 0.8$

できる 1-3

図のような集中荷重を受ける梁A（曲げ剛性：$2EI$）及び等分布荷重wを受ける梁B（曲げ剛性：EI）において、梁の中央のたわみが互いに等しくなるときのwlとPの比$\dfrac{wl}{P}$の値として、正しいものは、次のうちどれか。

1. 0.5
2. 0.8
3. 1.0
4. 1.6

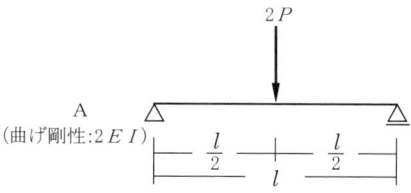

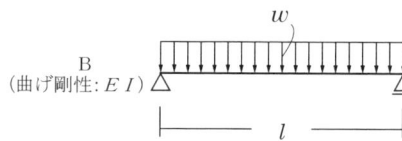

【正解：4】

1章 たわみ

わかる 1-4

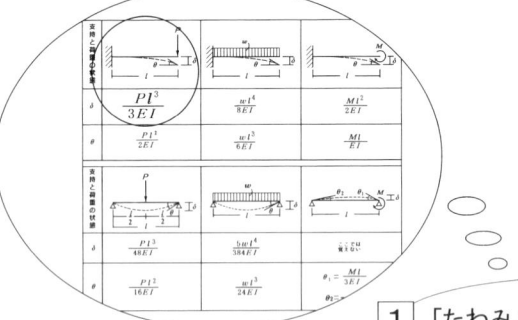

1 「たわみ」とあれば表をイメージ

図のような断面をもつ片持ち梁A及びBの先端に荷重Pが作用したとき、曲げによる最大たわみ δ_A 及び δ_B が生じている。梁AとBの最大たわみの比 $\dfrac{\delta_A}{\delta_B}$ の値として、正しいものは、次のうちどれか。ただし、梁A及びBは同一材質とする。

Eが等しいということ

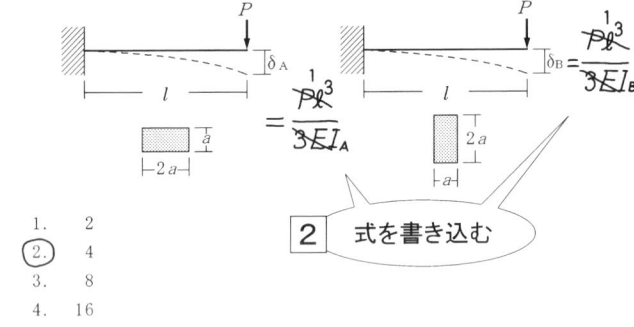

2 式を書き込む

1. 2
2. 4 ◯
3. 8
4. 16

荷重Pと梁の長さl、そして、Eも等しいので比べるのは I_A と I_B のみとなる。

3 $\dfrac{\delta_A}{\delta_B} = \dfrac{\frac{1}{I_A}}{\frac{1}{I_B}} = \dfrac{I_B}{I_A} = \dfrac{\frac{a\cdot(2a)^3}{12}}{\frac{2a\cdot a^3}{12}} = \dfrac{8a^4}{2a^4} = 4$

※断面二次モーメント I の計算式については88頁を参照すること。

できる1-4

図のような断面をもつ片持ち梁A及びBの先端に荷重が作用したとき、曲げによる最大たわみ δ_A 及び δ_B が生じている。梁AとBの最大たわみの比 $\dfrac{\delta_A}{\delta_B}$ の値として、正しいものは、次のうちどれか。ただし、梁A及びBは同一材質とする。

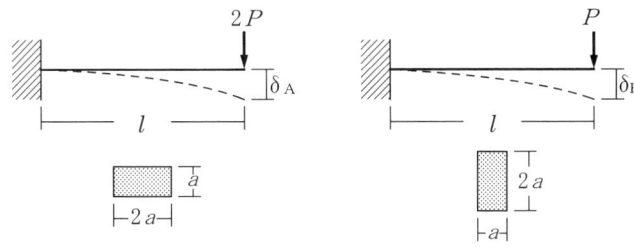

1. 2
2. 4
3. 8
4. 16

【正解：3】

1章 たわみ

わかる 1-5

□1 「たわみ」とあれば表をイメージ

図－1のような片持ち梁の先端に3.0kNの集中荷重が作用し、たわみδ_1とたわみ角θ_1が生じている。図－2のような片持ち梁の先端に「モーメントM_Aを作用させたときに生じるたわみδ_2」及び「モーメントM_Bを作用させたときに生じるたわみ角θ_2」が、図－1のたわみδ_1及びたわみ角θ_1とそれぞれ一致するときのモーメントM_A及びM_Bの組み合わせとして、正しいものは、次のうちどれか。ただし、それぞれの梁は<u>等質等断面</u>の弾性部材とし、モーメントは右回りを「＋」とする。

EIが等しい

□2 式を書き込む　δだけではなくθも書き出す。

	$\delta_1=\delta_2$のときのモーメントM_A	$\theta_1=\theta_2$のときのモーメントM_B
1.	-4.5 kNm	-6.0 kNm
2.	4.5 kNm	6.0 kNm
3.	-6.0 kNm	-4.5 kNm
④	6.0 kNm	4.5 kNm

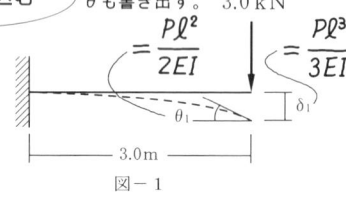

図－1

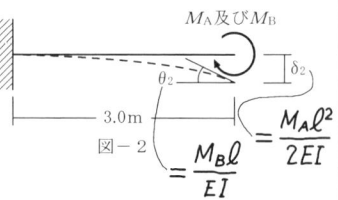

図－2

□3　$\delta_1=\delta_2$より

$$\frac{P\ell^3}{3EI}=\frac{M_A \ell^2}{2EI}$$

$$\frac{P\ell}{3}=\frac{M_A}{2}$$

$$\frac{3\times 3}{3}=\frac{M_A}{2}$$

$$\therefore M_A = 6kNm\ (\circlearrowright)$$

$\theta_1=\theta_2$より

$$\frac{P\ell^2}{2EI}=\frac{M_B \ell}{EI}$$

$$\frac{3\times 3}{2}=M_B$$

$$\therefore M_B = 4.5kNm\ (\circlearrowright)$$

符号は＋で右回り

できる1-5

図－1のような片持ち梁の先端に2.0kNの集中荷重が作用し、たわみδ_1とたわみ角θ_1が生じている。図－2のような片持ち梁の先端に「モーメントM_Aを作用させたときに生じるたわみδ_2」及び「モーメントM_Bを作用させたときに生じるたわみ角θ_2」が、図－1のたわみδ_1及びたわみ角θ_1とそれぞれ一致するときのモーメントM_A及びM_Bの組み合わせとして、正しいものは、次のうちどれか。ただし、それぞれの梁は等質等断面の弾性部材とし、モーメントは右回りを「＋」とする。

	$\delta_1 = \delta_2$のときのモーメントM_A	$\theta_1 = \theta_2$のときのモーメントM_B
1.	-4.0kNm	-3.0kNm
2.	4.0kNm	3.0kNm
3.	-4.5kNm	-3.0kNm
4.	4.5kNm	3.0kNm

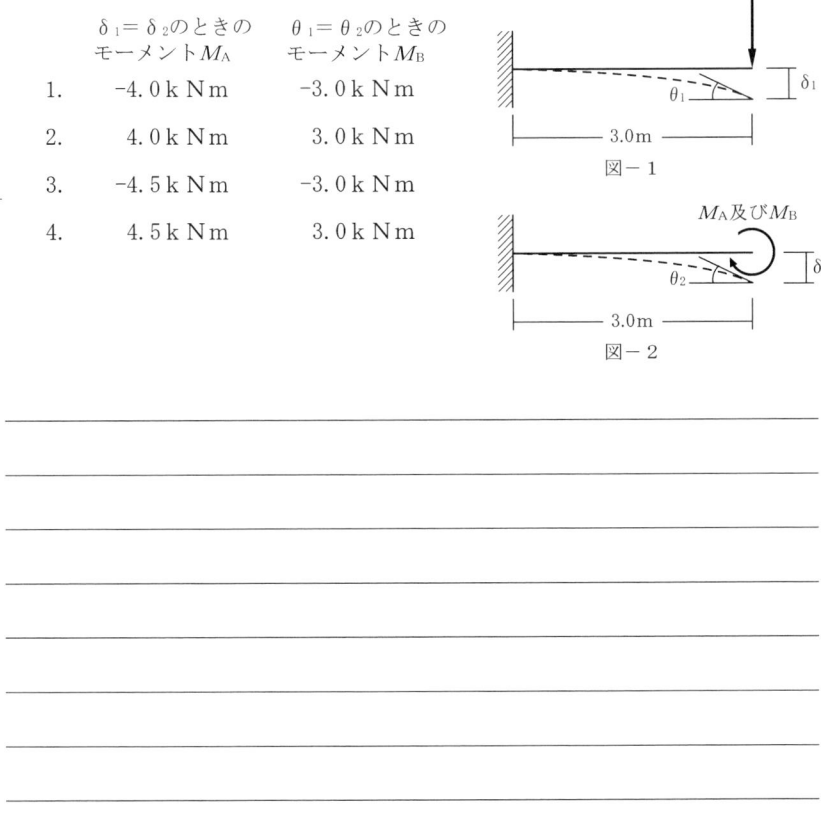

【正解：2】

1章 たわみ

わかる 1-6

1 「たわみ」とあれば表をイメージ

図のような等質等断面の片持ち梁に全長にわたって等分布荷重 w が作用している場合、A点の鉛直反力 R の大きさとして、正しいものは、次のうちどれか。ただし、梁の自重は無視するものとする。なお、長さ l で全長にわたって曲げ剛性 EI が一定である片持ち梁における先端のたわみは、先端に集中荷重 P が作用している場合は $\dfrac{Pl^3}{3EI}$、全長にわたって等分布荷重 w が作用している場合は $\dfrac{wl^4}{8EI}$ である。

※ 本問での式は与えられている。

1. $\dfrac{1}{4}wl$
2. $\dfrac{3}{8}wl$
3. $\dfrac{1}{2}wl$
4. $\dfrac{5}{8}wl$ ◯

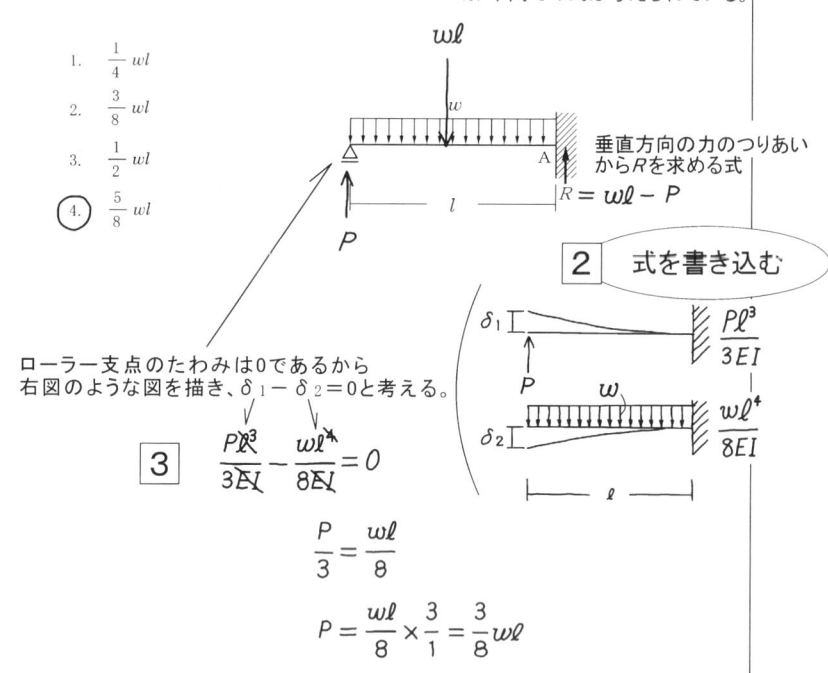

垂直方向の力のつりあいから R を求める式
$R = wl - P$

2 式を書き込む

ローラー支点のたわみは0であるから右図のような図を描き、$\delta_1 - \delta_2 = 0$ と考える。

3 $\dfrac{Pl^3}{3EI} - \dfrac{wl^4}{8EI} = 0$

$$\dfrac{P}{3} = \dfrac{wl}{8}$$

$$P = \dfrac{wl}{8} \times \dfrac{3}{1} = \dfrac{3}{8}wl$$

さきに図の右に書き込んだ、$R = wl - P$ より

$$R = wl - \dfrac{3}{8}wl = \dfrac{5}{8}wl$$

できる 1-6

図のような等質等断面の片持ち梁に全長にわたって等分布荷重が作用している場合、A点の鉛直反力Rの大きさとして、正しいものは、次のうちどれか。ただし、梁の自重は無視するものとする。なお、長さlで全長にわたって曲げ剛性EIが一定である片持ち梁における先端のたわみは、先端に集中荷重Pが作用している場合は$\frac{Pl^3}{3EI}$、全長にわたって等分布荷重wが作用している場合は$\frac{wl^4}{8EI}$である。

1. $\frac{1}{4}wl$
2. $\frac{3}{4}wl$
3. $\frac{5}{4}wl$
4. $\frac{7}{4}wl$

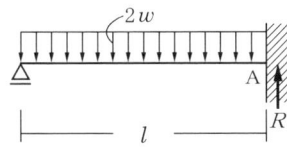

【正解：3】

1章 たわみ

わかる 1-7

手順がそのまま使えない応用問題

図－1のような等質等断面で曲げ剛性 EI の片持ち梁のA点の曲げモーメント M が作用すると、自由端A点の回転角は $\dfrac{Ml}{EI}$ となる。図－2のような等質等断面で曲げ剛性 EI の片持ち梁のA点及びB点に逆向きの二つの曲げモーメントが作用している場合、自由端C点の回転角の大きさとして正しいものは、次のうちどれか。

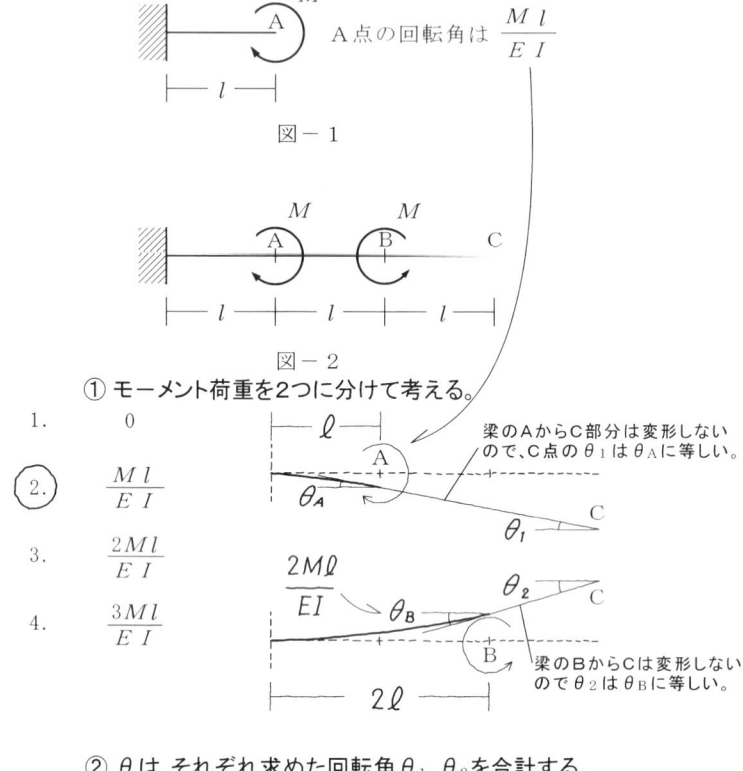

※ 本問では、式が与えられている。

A点の回転角は $\dfrac{Ml}{EI}$

図－1

図－2

① モーメント荷重を2つに分けて考える。

1. 0
2. $\dfrac{Ml}{EI}$ （○）
3. $\dfrac{2Ml}{EI}$
4. $\dfrac{3Ml}{EI}$

梁のAからC部分は変形しないので、C点の θ_1 は θ_A に等しい。

梁のBからCは変形しないので θ_2 は θ_B に等しい。

② θ は、それぞれ求めた回転角 θ_1、θ_2 を合計する。

$$\theta = \theta_1 - \theta_2 = \dfrac{Ml}{EI} - \dfrac{2Ml}{EI} = -\dfrac{Ml}{EI}$$

右回りを＋とすると、θ_2 は－となる。

できる 1-7

図-1のような等質等断面で曲げ剛性 EI の片持ち梁のA点の曲げモーメント M が作用すると、自由端A点の回転角は $\frac{Ml}{EI}$ となる。図-2のような等質等断面で曲げ剛性 EI の片持ち梁のA点及びB点に逆向きの二つの曲げモーメントが作用している場合、自由端C点の回転角の大きさとして正しいものは、次のうちどれか。

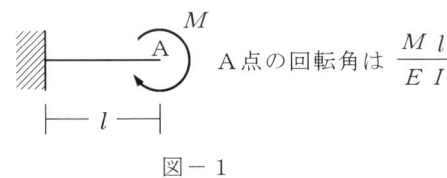

A点の回転角は $\frac{Ml}{EI}$

図-1

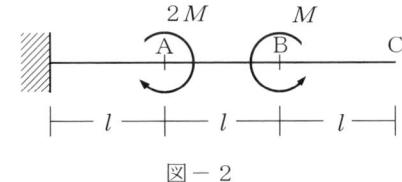

図-2

1. 0

2. $\dfrac{Ml}{EI}$

3. $\dfrac{2Ml}{EI}$

4. $\dfrac{3Ml}{EI}$

【正解:1】

1章 たわみ

わkaru 1-8

手順がそのまま使えない応用問題

図のような荷重Pを受けるラーメンにおいて、荷重Pによって生じるA点の鉛直方向（縦方向）の変位δとして、正しいものは、次のうちどれか。ただし、部材ABは剛体とし、部材BCのヤング係数をE、断面二次モーメントをIとし、部材の軸方向の変形は無視するものとする。

1. $\dfrac{Pl^3}{3EI}$
2. $\dfrac{Pl^3}{2EI}$
3. $\dfrac{5Pl^3}{6EI}$
4. $\dfrac{Pl^3}{EI}$ ○

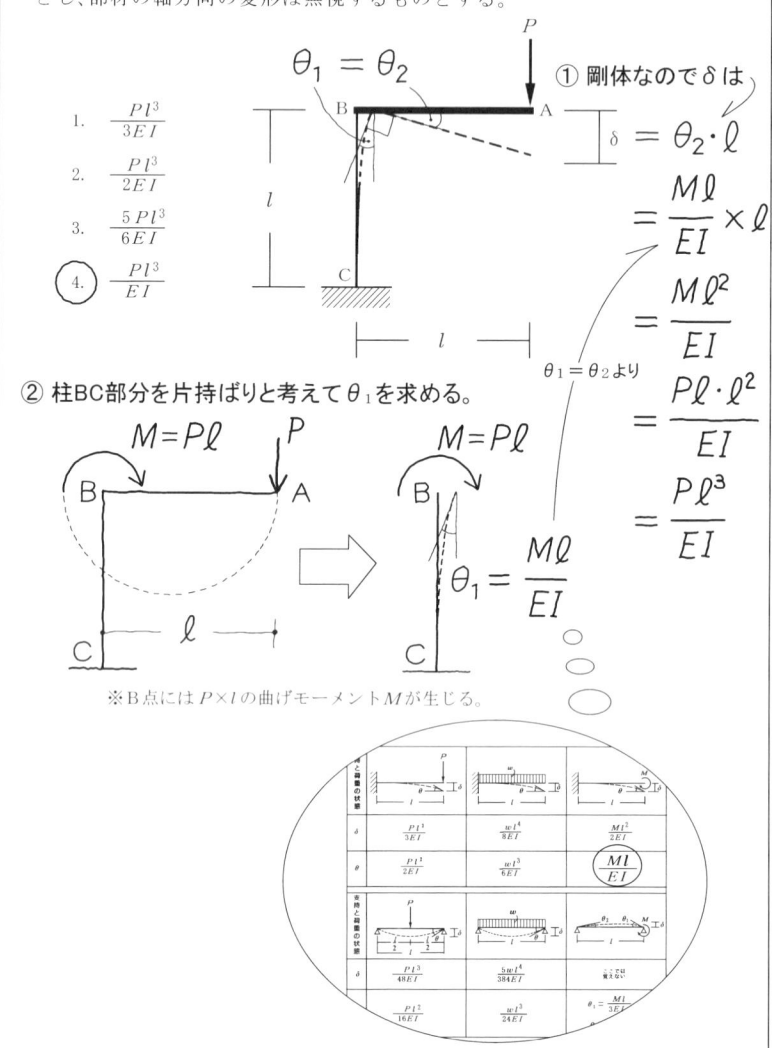

② 柱BC部分を片持ばりと考えてθ_1を求める。

※B点には$P \times l$の曲げモーメントMが生じる。

① 剛体なのでδは

$$\delta = \theta_2 \cdot l$$
$$= \dfrac{Ml}{EI} \times l$$
$$= \dfrac{Ml^2}{EI}$$
$$= \dfrac{Pl \cdot l^2}{EI}$$
$$= \dfrac{Pl^3}{EI}$$

$\theta_1 = \theta_2$ より

$\theta_1 = \dfrac{Ml}{EI}$

できる 1-8

図のような荷重2Pを受けるラーメンにおいて、荷重Pによって生じるA点の鉛直方向(縦方向)の変位δとして、正しいものは、次のうちどれか。ただし、部材ABは剛体とし、部材BCのヤング係数をE、断面二次モーメントをIとし、部材の軸方向の変形は無視するものとする。

1. $\dfrac{2Pl^3}{EI}$
2. $\dfrac{Pl^3}{2EI}$
3. $\dfrac{3Pl^3}{2EI}$
4. $\dfrac{5Pl^3}{2EI}$

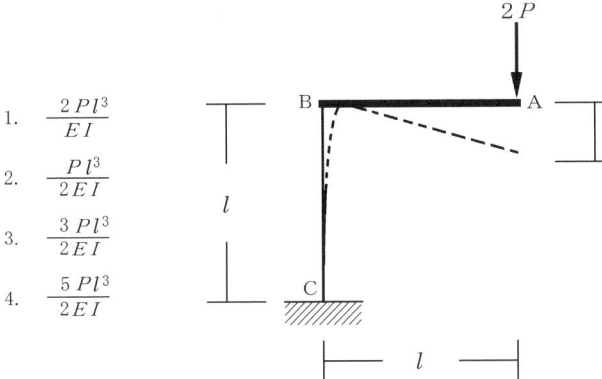

【正解：1】

2章 水平力

構造物に水平力が作用する出題は多いが、ここでは、せん断力と層間変位に関する二つの問題をとりあげる。せん断力と聞いて、よくわからないという場合は、章末の［用語の意味］で確認すること。

1. 水平力とせん断力

基本的な設問は、図のような「ラーメンの柱に水平力が作用するとき、左右の柱にはせん断力が生じるが、その比率はどのようになるか。」というものである。

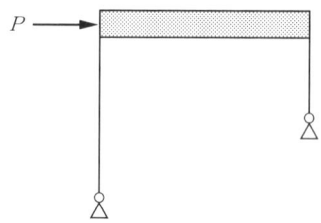

水平力とせん断力の基本的な解き方の手順は、次のようになる。

《水平力とせん断力の解き方の手順》
(1) 水平力とせん断力とあれば図をイメージ
(2) ピン（または固定）の水平剛性 K を書き込む
(3) 計算する

(1) 水平力とせん断力とあれば図をイメージ

イメージする図は、次のとおり。

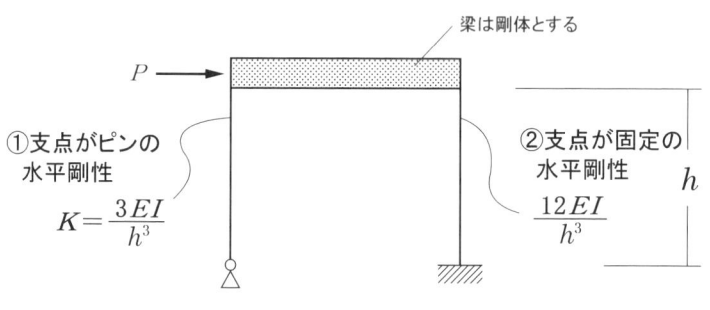

E:ヤング係数　　I:断面二次モーメント

水平力の作用する構造物に関する出題は、この章以外の出題形式もあるので、この手順が使えるのは、設問文の「水平力」、「せん断力」のほかに、「梁は剛体（剛のみ一文字の出題もある）」の文字や、1層の構造物で、水平荷重は柱頭にのみ作用しているなどの条件が必要となる。

(2) ピン（または固定）の水平剛性 K を書き込む

上図のような構造物の柱の水平力を分担する力は、負担せん断力 Q ともよばれ、水平剛性 K に比例する。この K を表す式は、①支点がピン②支点が固定の二つあり、設問の図で支点を確認しながら書き込むこと。

(3) 計算する

各柱に生じるせん断力の比を計算させる出題が多く、(2) で書き込んだ各柱の式で比べることになるので、計算する際には、与えられた等質等断面の条件などを利用して式を簡略化するなどして、ミスが生じないように注意する。

2. 水平力と層間変位

同じように水平力が構造物に作用する問題でも、せん断力ではなく、層間変位に関する出題は、こちらの手順を用いる。

《水平力と層間変位の解き方の手順》

(1) 層間変位とあれば $\delta_i = \dfrac{Q_i}{K_i}$

(2) 層間変位を図示して式を書き込む

(3) 計算する

(1) 層間変位とあれば $\delta_i = \dfrac{Q_i}{K_i}$

層間変位は、多層構造物が水平力を受けて変形したとき、ある層（i層）の床と上層（または下層）の床との間に生じる変位 δ_i をいい、次式で表される。

$$\delta_i = \frac{Q_i}{K_i}$$

Q_i：各層の層せん断力　K_i：各層の水平剛性

よって、図のような2層構造物に水平力 P_1、P_2 が作用する場合の各層間変位は、次のように表される。

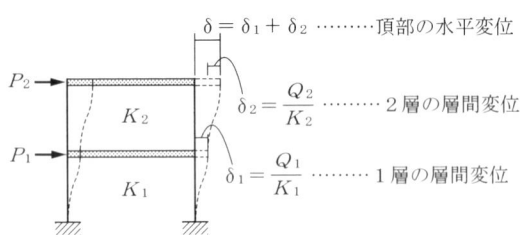

ここで、各層の層せん断力 Q_i は、図のように i 層より上層に作用する水平力を合計して求められる。

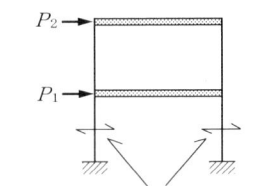

1層の層せん断力 $Q_1 = P_2 + P_1$

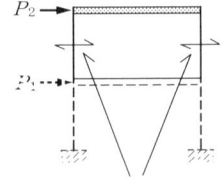

2層の層せん断力 $Q_2 = P_2$

(2) 層間変位を図示して式を書き込む

(1) より、問題に書き込む層間変位は、図のような破線の部分（この形状については176頁を参照）になり、書き込む式をまとめると次のとおり。

〔右図の構造物の層間変位 δ を求める式〕

2層の層間変位 $\delta_2 = \dfrac{Q_2}{K_2} = \dfrac{P_2}{K_2}$

1層の層間変位 $\delta_1 = \dfrac{Q_1}{K_1} = \dfrac{P_1 + P_2}{K_1}$

頂部の水平変位 $\delta = \delta_1 + \delta_2$
$= \dfrac{P_1 + P_2}{K_1} + \dfrac{P_2}{K_2}$

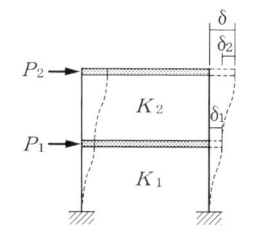

(3) 計算する

　層間変位は、δ_i の比を求めさせる問題（2-4）や δ_i の関係から K_i の比を求めさせる問題（2-5）が中心であるが、計算そのものは複雑ではないので、関連した式を確実におさえておけば、得点源となる。

2章 水平力

わかる 2-1

①支点がピンの水平剛性
$$K = \frac{3EI}{h^3}$$

②支点が固定の水平剛性
$$\frac{12EI}{h^3}$$

梁は剛体とする

E:ヤング係数　I:断面二次モーメント

> 1 水平力とせん断力とあれば 図をイメージ

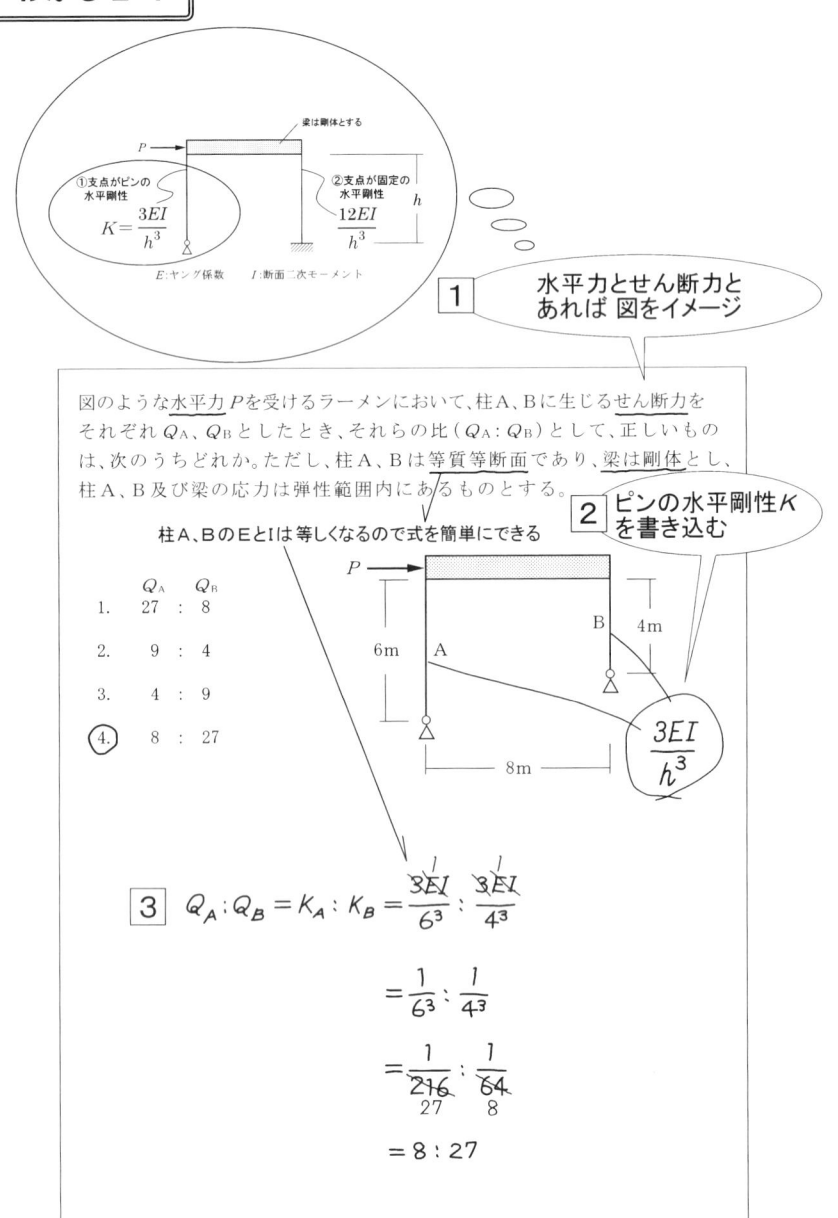

図のような水平力Pを受けるラーメンにおいて、柱A、Bに生じるせん断力をそれぞれQ_A、Q_Bとしたとき、それらの比($Q_A:Q_B$)として、正しいものは、次のうちどれか。ただし、柱A、Bは等質等断面であり、梁は剛体とし、柱A、B及び梁の応力は弾性範囲内にあるものとする。

> 2 ピンの水平剛性Kを書き込む

柱A、BのEとIは等しくなるので式を簡単にできる

	Q_A	Q_B
1.	27 : 8
2.	9 : 4
3.	4 : 9
④.	8 : 27

$\dfrac{3EI}{h^3}$

3 　$Q_A : Q_B = K_A : K_B = \dfrac{3EI}{6^3} : \dfrac{3EI}{4^3}$

$\qquad\qquad\qquad = \dfrac{1}{6^3} : \dfrac{1}{4^3}$

$\qquad\qquad\qquad = \dfrac{1}{216} : \dfrac{1}{64}$
$\qquad\qquad\qquad\quad\ \ 27\quad\ \ 8$

$\qquad\qquad\qquad = 8 : 27$

できる 2-1

図のような荷重Pを受けるラーメンにおいて、柱A、Bに生じるせん断力をそれぞれ Q_A、Q_B としたとき、それらの比($Q_A : Q_B$)として、正しいものは、次のうちどれか。ただし、柱A、Bは等質等断面であり、梁は剛体とし、柱A、B及び梁の応力は弾性範囲内にあるものとする。

	Q_A		Q_B
1.	27	:	8
2.	8	:	27
3.	4	:	9
4.	9	:	4

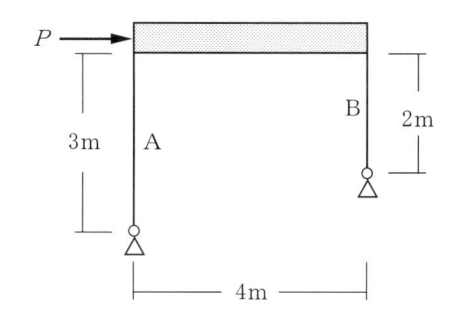

【正解：2】

2章 水平力

わかる 2-2

①支点がピンの水平剛性
$$K = \frac{3EI}{h^3}$$

②支点が固定の水平剛性
$$\frac{12EI}{h^3}$$

梁は剛体とする

E:ヤング係数　I:断面二次モーメント

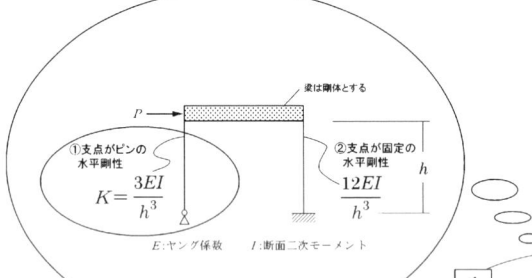

1 水平力とせん断力とあれば 図をイメージ

図のようなラーメンに水平力 P が作用する場合、柱A、B、Cに生じるせん断力をそれぞれ Q_A、Q_B、Q_C としたとき、せん断力 Q_A、Q_B、Q_C の比として、正しいものは、次のうちどれか。ただし、それぞれの柱は等質等断面の弾性部材で曲げ剛性は EI 又は $2EI$ であり、梁は剛体とする。

それぞれの柱のEとIは等しい

	Q_A	:	Q_B	:	Q_C
1.	1	:	2	:	4
(2.)	1	:	2	:	8
3.	2	:	1	:	8
4.	4	:	2	:	1

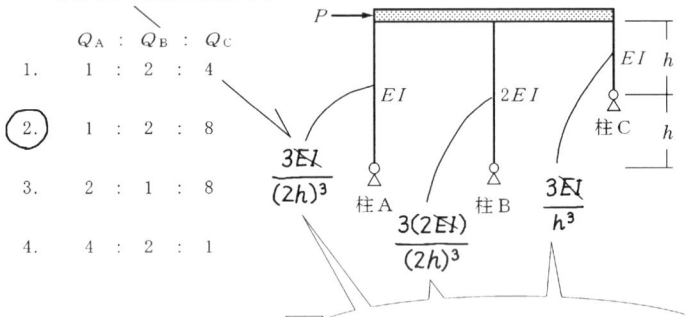

柱A: $\dfrac{3EI}{(2h)^3}$　柱B: $\dfrac{3(2EI)}{(2h)^3}$　柱C: $\dfrac{3EI}{h^3}$

2 ピンの水平剛性Kを書き込む

3 $Q_A : Q_B : Q_C = K_A : K_B : K_C = \dfrac{\overset{1}{\cancel{3}}}{(2h)^3} : \dfrac{\overset{2}{\cancel{6}}}{(2h)^3} : \dfrac{\overset{1}{\cancel{3}}}{h^3}$

$$= \frac{1}{8} : \frac{2}{8} : 1$$

$$= 1 : 2 : 8$$

できる 2-2

図のようなラーメンに水平力 P が作用する場合、柱A、B、Cに生じるせん断力をそれぞれ Q_A、Q_B、Q_C としたとき、せん断力 Q_A、Q_B、Q_C の比として、正しいものは、次のうちどれか。ただし、それぞれの柱は等質等断面の弾性部材で曲げ剛性は EI 又は $2EI$ であり、梁は剛体とする。

	Q_A	:	Q_B	:	Q_C
1.	1	:	2	:	4
2.	1	:	2	:	8
3.	2	:	1	:	8
4.	4	:	2	:	1

【正解：3】

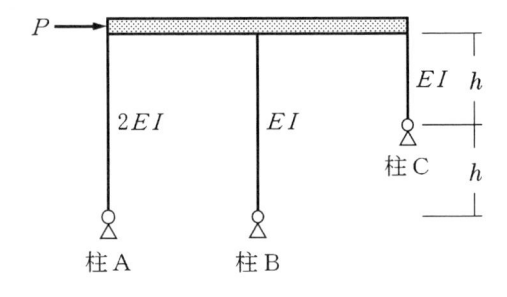

2章 水平力

わかる 2-3

①支点がピンの水平剛性
$$K = \frac{3EI}{h^3}$$

②支点が固定の水平剛性
$$\frac{12EI}{h^3}$$

梁は剛体とする
E：ヤング係数　I：断面二次モーメント

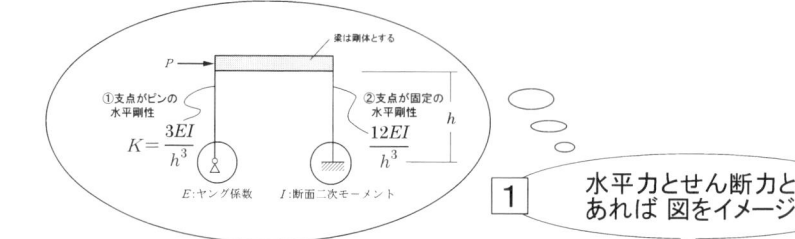

> 1　水平力とせん断力とあれば 図をイメージ

図のようなラーメンに<u>水平力</u> P が作用する場合、柱A、B、Cに生じる<u>せん断力</u>をそれぞれ Q_A、Q_B、Q_C としたとき、それらの大小関係として、正しいものは、次のうちどれか。ただし、それぞれの柱は等質等断面の弾性部材とし、<u>梁は剛体</u>とする。

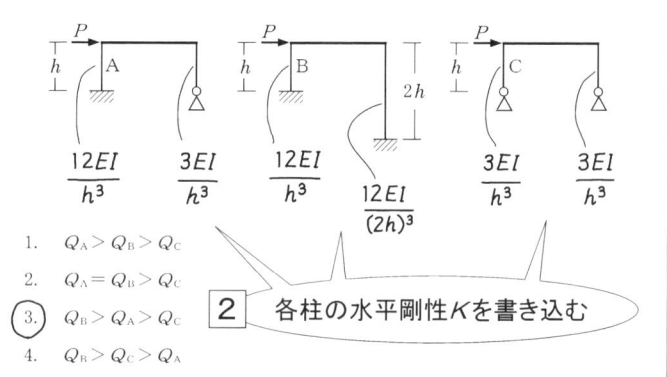

柱A：$\frac{12EI}{h^3}$、$\frac{3EI}{h^3}$

柱B：$\frac{12EI}{h^3}$、$\frac{12EI}{(2h)^3}$（高さ $2h$）

柱C：$\frac{3EI}{h^3}$、$\frac{3EI}{h^3}$

1. $Q_A > Q_B > Q_C$
2. $Q_A = Q_B > Q_C$
3. $Q_B > Q_A > Q_C$　◯
4. $Q_B > Q_C > Q_A$

> 2　各柱の水平剛性 K を書き込む

> 3　K により各柱の水平力の分担比を求め、この分担比をもとに各柱の分担せん断力の大きさを算定する。

$K_A : K_{A'} = \dfrac{12EI}{h^3} : \dfrac{3EI}{h^3} = 4 : 1$ 　∴ $Q_A = P \times \dfrac{4}{4+1} = \dfrac{4}{5}P$

$K_B : K_{B'} = \dfrac{12EI}{h^3} : \dfrac{12EI}{(2h)^3} = 1 : \dfrac{1}{8}$ 　∴ $Q_B = P \times \dfrac{8}{8+1} = \dfrac{8}{9}P$

$K_C : K_{C'} = \dfrac{3EI}{h^3} : \dfrac{3EI}{h^3} = 1 : 1$ 　∴ $Q_C = P \times \dfrac{1}{1+1} = \dfrac{1}{2}P$

∴ $Q_B > Q_A > Q_C$

大小関係さえわかればよいのでこれらの値で比較する。

できる 2-3

図のような水平力が作用するラーメンにおいて、柱 A、B、C に生じるせん断力をそれぞれ Q_A、Q_B、Q_C としたとき、それらの大小関係として、正しいものは、次のうちどれか。ただし、それぞれの柱は等質等断面の弾性部材とし、梁は剛体とする。

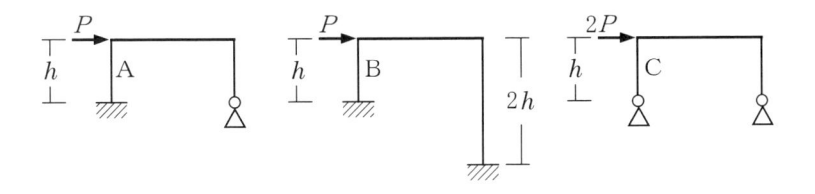

1. $Q_A > Q_B > Q_C$
2. $Q_A = Q_B > Q_C$
3. $Q_B > Q_A > Q_C$
4. $Q_C > Q_B > Q_A$

【正解：4】

2章 水平力

わかる 2-4

1 層間変位とあれば $\delta_i = \dfrac{Q_i}{K_i}$

図のような水平力が作用する二層構造物(一層の水平剛性 $2K$、二層の水平剛性 K)において、一層の層間変位 δ_1 と二層の層間変位 δ_2 との比として、正しいものは、次のうちどれか。ただし、梁は剛とし、柱の伸縮はないものとする。

	δ_1	δ_2
1.	1 :	2
2.	1 :	4
3.	3 :	2
④.	3 :	4

$\delta_2 = \dfrac{2P}{K}$

$\delta_1 = \dfrac{2P + P}{2K}$

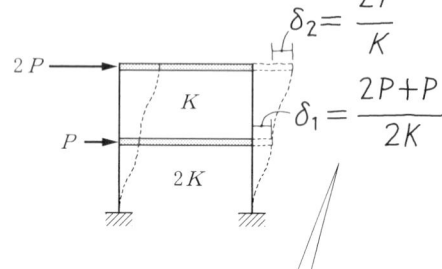

2 層間変位を図示して式を書き込む

3 $\delta_1 : \delta_2 = \dfrac{3P}{2K} : \dfrac{2P}{K} = \dfrac{3}{2} : 2 = 3 : 4$

〔参考〕

〔右図の構造物の層間変位 δ を求める式〕

2層の層間変位 $\delta_2 = \dfrac{Q_2}{K_2} = \dfrac{P_2}{K_2}$

1層の層間変位 $\delta_1 = \dfrac{Q_1}{K_1} = \dfrac{P_1 + P_2}{K_1}$

頂部の水平変位 $\delta = \delta_1 + \delta_2$
$= \dfrac{P_1 + P_2}{K_1} + \dfrac{P_2}{K_2}$

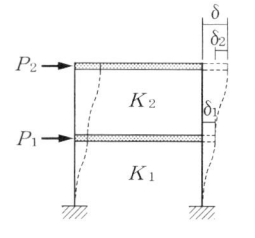

できる 2-4

図のような水平力が作用する二層構造物（一層の水平剛性$2K$、二層の水平剛性K）において、一層の層間変位δ_1と二層の層間変位δ_2との比として、正しいものは、次のうちどれか。ただし、梁は剛とし、柱の伸縮はないものとする。

	δ_1	:	δ_2
1.	1	:	2
2.	1	:	4
3.	2	:	3
4.	3	:	5

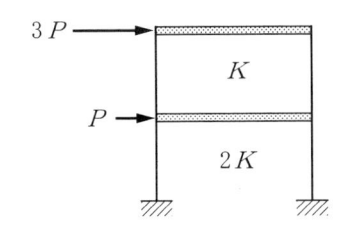

【正解：3】

2章 水平力

わかる 2-5

1 層間変位とあれば $\delta_i = \dfrac{Q_i}{K_i}$

図のような水平力が作用する三層構造物において、各層の層間変位が等しくなるときの各層の水平剛性 K_1、K_2、K_3 の比として、正しいものは、次のうちどれか。ただし、梁は剛とし、柱の伸縮はないものとする。

	K_1 :	K_2 :	K_3
1.	2 :	3 :	4
2.	2 :	5 :	9
3.	4 :	3 :	2
④ 4.	9 :	7 :	4

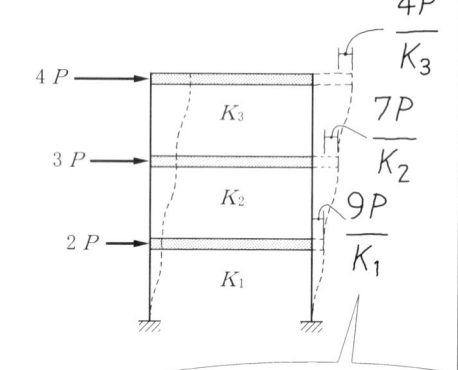

右側図に記入:
$\dfrac{4P}{K_3}$, $\dfrac{7P}{K_2}$, $\dfrac{9P}{K_1}$

2 層間変位を図示して式を書き込む

$$\begin{cases} \delta_3 = \dfrac{Q_3}{K_3} = \dfrac{4P}{K_3} \\ \delta_2 = \dfrac{Q_2}{K_2} = \dfrac{4P+3P}{K_2} = \dfrac{7P}{K_2} \\ \delta_1 = \dfrac{Q_1}{K_1} = \dfrac{4P+3P+2P}{K_1} = \dfrac{9P}{K_1} \end{cases}$$

3 $\delta_1 = \delta_2 = \delta_3$ より

$$\dfrac{9P}{K_1} = \dfrac{7P}{K_2} = \dfrac{4P}{K_3}$$

$$\therefore K_1 : K_2 : K_3 = 9 : 7 : 4$$

できる 2-5

図のような水平力が作用する三層構造物において、各層の層間変位が等しくなるときの各層の水平剛性 K_1、K_2、K_3 の比として、正しいものは、次のうちどれか。ただし、梁は剛とし、柱の伸縮はないものとする。

	K_1 :	K_2 :	K_3
1.	3 :	2 :	1
2.	4 :	3 :	2
3.	6 :	5 :	3
4.	8 :	6 :	4

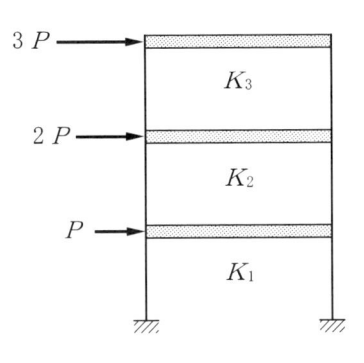

【正解：3】

[用語の意味]

1. 外　力

構造物などに外部から作用する力を外力という。外力には、荷重と反力の二つがある。

荷重は、図のような集中荷重、等分布荷重、等変分布荷重、そして、モーメント荷重が出題されている。

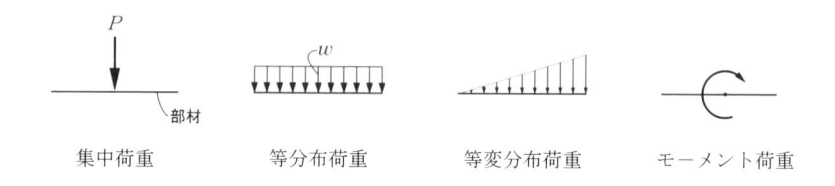

集中荷重　　　等分布荷重　　　等変分布荷重　　　モーメント荷重

これらの荷重が構造物などに作用するとその支点には反力が生じる。荷重が作用しているにもかかわらず構造物が静止しているのは、荷重に対して構造物の支点に抵抗する力（反力）が生じて外力がつりあっていると考えるのである。反力については152頁で説明している。

2. 応　力

構造物に荷重が作用するとその支点に反力が生じると説明した。これは、外力の作用点から反力の生じる支点までの間、構造物の部材内を何らかの状態で力が伝わるからである。このときの部材内部に生じている力を応力（内力）という。応力は、その生じている状態や部材の変形などの違いによって、①軸方向力 N、②せん断力 Q、③曲げモーメント M の三つに分けられる。

これらの用語は、その知識が直接必要となる章においてとりあげているので、ここでは、次の荷重 P が作用する構造物の図で、各用語のイメージを把握しておくこと。なお、軸方向力については156頁、せん断力については177頁、曲げモーメントについては158頁で説明している。

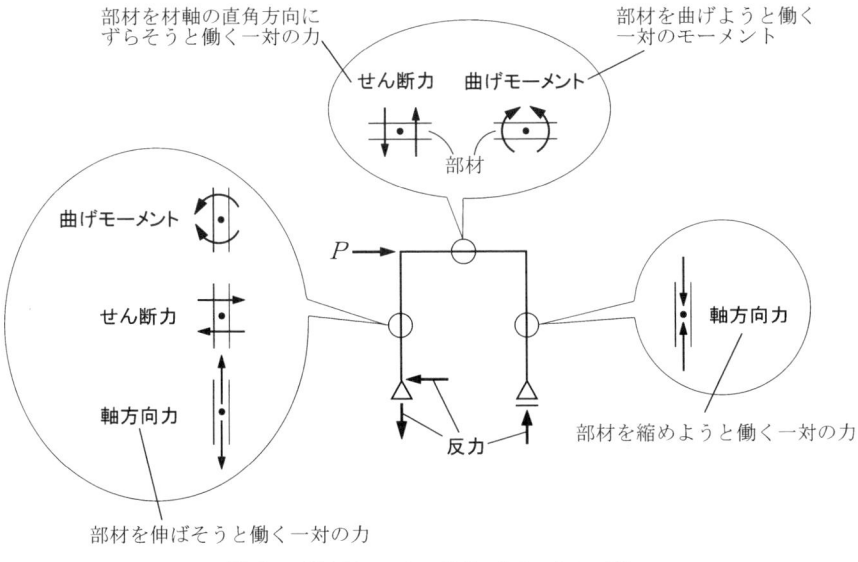

【荷重 P が作用することで部材に生じる応力の例】

# 3章 座　　屈

座屈に関する問題は、連続して出題されることが多い。次の手順の表に示されている各座屈形状をおさえておくことが得点のポイントとなる。

3章　座屈

座屈の基本的な解き方の手順は、次のようになる。

《座屈の解き方の手順》
(1) 座屈とあれば表＋式をイメージ
(2) 座屈荷重の式を書き込む
(3) 座屈形状を書き込み l_k を求める
(4) $\dfrac{1}{l_k^2}$ で比較するので l_k の小さい方が P_e は大

（1）座屈とあれば表＋式をイメージ

問題文を読んで、その中に「座屈」の二文字を見つけたら、次の【座屈の表】と座屈荷重の式を頭に浮かべなければならない。

【座屈の表】

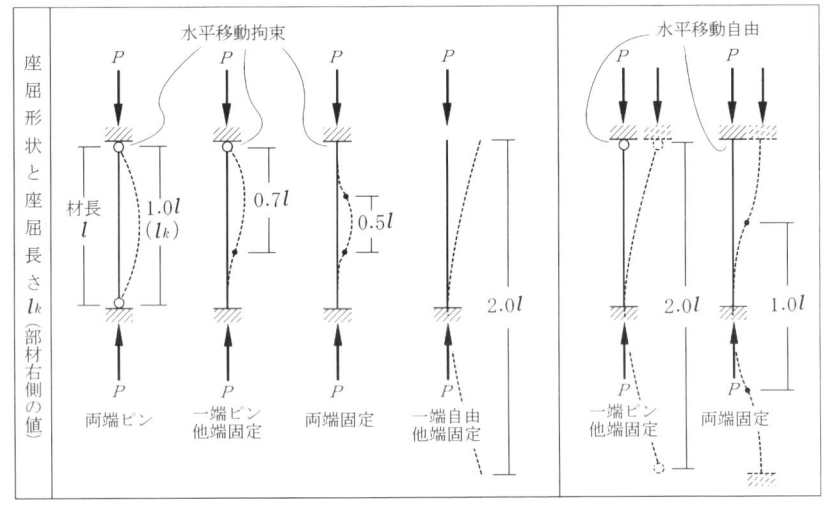

座屈形状と座屈長さ l_k（部材右側の値）	水平移動拘束				水平移動自由	
材長 l	$1.0l$ (l_k) 両端ピン	$0.7l$ 一端ピン他端固定	$0.5l$ 両端固定	$2.0l$ 一端自由他端固定	$2.0l$ 一端ピン他端固定	$1.0l$ 両端固定

※　●：反曲点（177頁参照）を示す。
　　図における各柱の材長は、イメージしやすいように作成しているため同一ではない。
　　実際に出題された材長 l の寸法例は、44頁を参照すること。

座屈は、長柱が両端から外力（圧縮力）を受けたとき、その外力が次第に大きくなっていくと、ある時点で急に大きく湾曲してしまうような現象をいう。柱の

長さが同一であっても、材端の支持状態の違いによって座屈の生じる度合いが異なってくる。そこで、実際の柱の長さと別に、座屈計算上の長さとして座屈長さ l_k が定められている。表に示した形状はあくまでも仮想のイメージであるが、ピン（自由端）と反曲点との長さを座屈長さ l_k の係数と絡めるとその数値を覚えやすい。なお、【座屈の表】と同時にイメージする座屈荷重の式については、次で説明する。

(2) 座屈荷重の式を書き込む

　座屈荷重は、座屈が生じる限界の荷重を指していうが、ここで問題用紙に書き込む式は、次のとおりである。ここでもまず、式を書き込んでから、問題文を精読するとよい。

$$P_e = \frac{\pi^2 EI}{l_k^2}$$

P_e：座屈荷重　E：ヤング係数　I：弱軸に関する断面二次モーメント
l_k：座屈長さ

　この式で、注意することは、断面二次モーメントが弱軸という点である。図のように、同一断面であっても、右と左では、I_X の値が大きく異なってくる。座屈荷重の式では、特別な指示がない場合、I_X の値が小さくなる右側の弱軸に関する断面二次モーメントを用いる。なお、断面二次モーメントについては、「6章　断面の性質」でもとりあげている。

$$断面二次モーメント\ I_X = \frac{bh^3}{12}$$

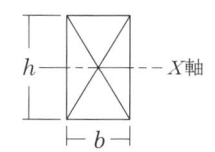

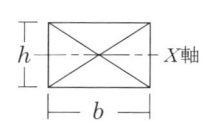

(3) 座屈形状を書き込み l_k を求める

　【座屈の表】を参考に、問題の図中に座屈形状を直接書き込んでから、座屈長さ l_k の値を同時に書き込む。

3章 座屈

(4) $\dfrac{1}{l_k{}^2}$ で比較するので l_k の小さい方が P_e は大

座屈荷重の大小関係を求める問題では、l_k の値をもとにその大きさを判定する場合が多いが、座屈荷重の式は l_k が分母にあるので、l_k の小さい方が P_e は大きくなる。

3-6、3-7 では、この解き方の手順がそのまま使えない応用問題となる。ただし、3-6 はもちろんのこと、3-7 のような文章問題でも、この手順が参考になる。

なお、座屈形状を覚える際には、「9章 曲げモーメント 1.柱の変形（176頁）」が参考になるので、先に目を通しておくこと。

[用語の意味]

1. 支持条件

座屈に関する問題では、支持条件（材端条件）の描かれ方に注意する。図のように、A、B、C はいずれも両端ピンである。ただし、C は、柱の中間にローラーがあるので、座屈長さなどを判定する場合には、上下二つの部分に分けて計算する。なお、D の上端はピンではなく、固定端として扱うので間違えないこと。

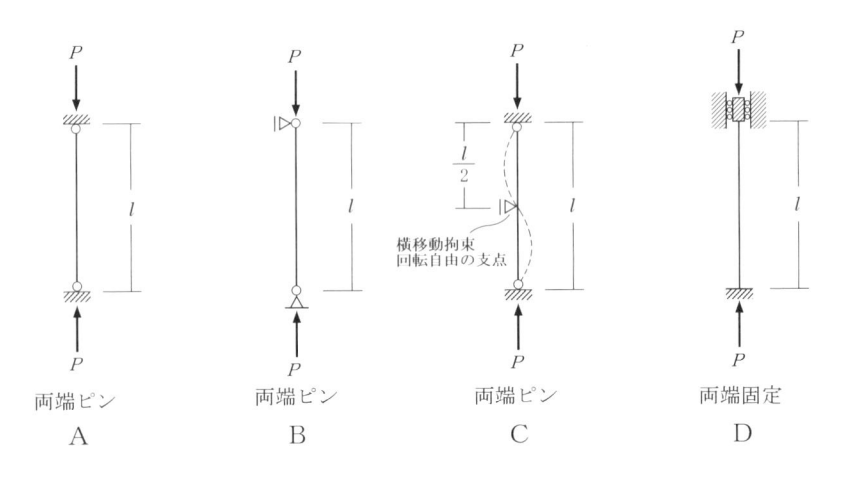

A	B	C	D
両端ピン	両端ピン	両端ピン	両端固定

C図注記：横移動拘束 回転自由の支点

2．剛　度

　座屈は、その多くが長柱、あるいは、ラーメンに関する問題であるが、過去に、図のような骨組の座屈荷重を比較する出題があった。この場合、すべての柱が等質等断面であれば、はりの曲げ剛性が大きいほど、柱も変形しにくいことになり、座屈荷重の値は大きくなる。しかし一方で、はりの長さは、一般に長くなるほど剛性は低くなるので、図のような座屈荷重 P_A、P_B、P_C の大小関係はわかりづらい。これを解決するのが剛度である。

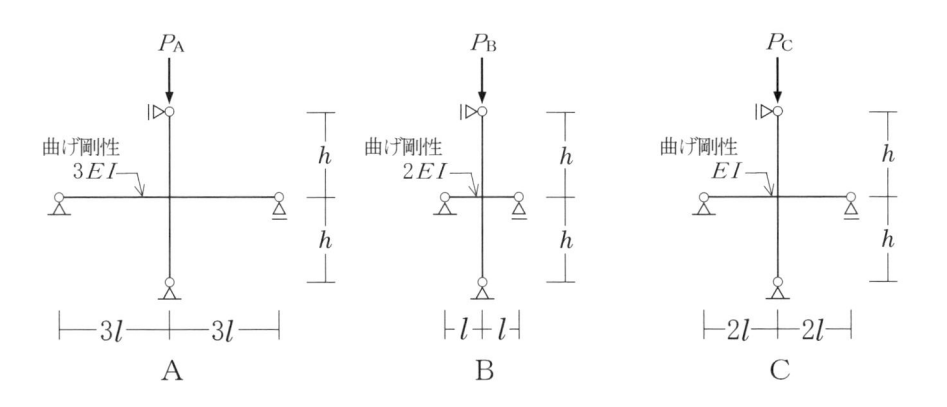

　剛度 K は、部材の曲げにくさを示し、次式で表される。その値が大きければ部材は曲がりにくいことになる。

$$K = \frac{I}{l}$$

I：断面二次モーメント　　l：部材の長さ

　よって、A、B、C のはりのヤング係数 E が等しいならば、次のような剛度の式によって、各はりの曲がりにくさを比べることができる。

$$K_A = \frac{3I}{6l} \qquad K_B = \frac{2I}{2l} \qquad K_C = \frac{I}{4l}$$

　はりの剛度が大きいほど柱の変形をおさえ、座屈荷重の大小関係は次のとおり。

$$P_B > P_A > P_C$$

3章 座屈

わかる 3-1

座屈形状と座屈長さl_k（部材右側の値）

水平移動拘束：
- 材長 l / $1.0l$ (l_k) 両端ピン
- $0.7l$ 一端ピン他端固定
- $0.5l$ 両端固定
- $2.0l$ 一端自由他端固定

水平移動自由：
- $2.0l$ 一端ピン他端固定
- $1.0l$ 両端固定

$$P_e = \frac{\pi^2 EI}{l_k^2}$$

1 座屈とあれば 表＋式をイメージ

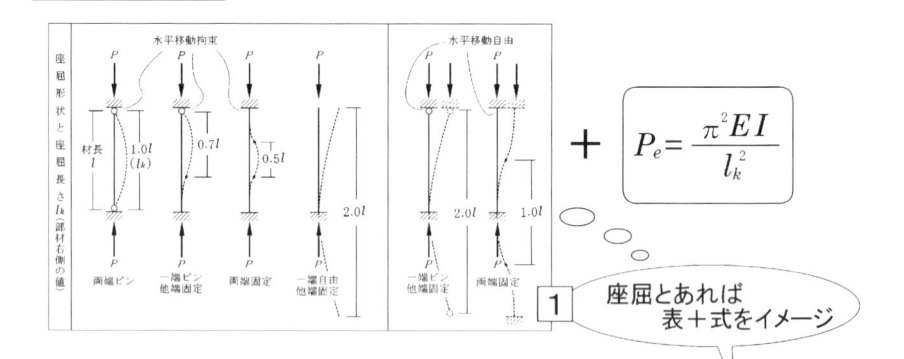

図のような支持条件の柱A、B、Cが、中心圧縮力を受けたときの座屈長さの理論値の組み合わせとして、正しいものは、次のうちどれか。ただし、それぞれの柱は、等質等断面の弾性部材とし、長さは等しいものとする。また、すべての材端の水平移動は拘束されているものとする。

	A	B	C
①	$0.5l$	l	$0.7l$
2.	$0.5l$	$2l$	l
3.	l	$0.5l$	$0.7l$
4.	$0.5l$	l	$2l$

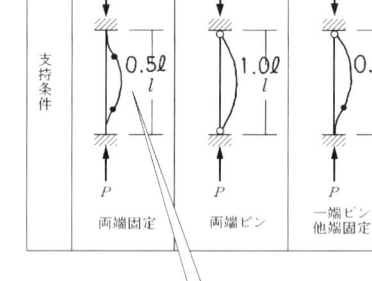

柱	A	B	C
支持条件	P / $0.5l$ / P 両端固定	P / $1.0l$ / P 両端ピン	P / $0.7l$ / P 一端ピン他端固定

2 座屈荷重の式を書き込む
※本問では不要

3 座屈形状を書き込み l_kを求める！

できる 3-1

図のような支持条件の柱A、B、Cが、中心圧縮力を受けたときの座屈長さの理論値の組み合わせとして、正しいものは、次のうちどれか。ただし、それぞれの柱は、等質等断面の弾性部材とし、長さは等しいものとする。

	A	B	C
1.	$0.5l$	l	$0.7l$
2.	$0.5l$	$2l$	l
3.	l	$0.5l$	$0.7l$
4.	$0.5l$	l	$2l$

柱	A	B	C
支持条件	P ↓ 両端固定 ↑ P 長さl	P ↓ 両端ピン ↑ P 長さl	P ↓ 一端自由 他端固定 長さl

【正解：4】

3章 座屈

わかる 3-2

座屈形状と座屈長さ l_k（部材右側の値）

水平移動拘束				水平移動自由	
材長 l 1.0l (l_k) 両端ピン	0.7l 一端ピン 他端固定	0.5l 両端固定	2.0l 一端自由 他端固定	2.0l 一端ピン 他端固定	1.0l 両端固定

$$P_e = \frac{\pi^2 EI}{l_k^2}$$

1 座屈とあれば 表＋式をイメージ

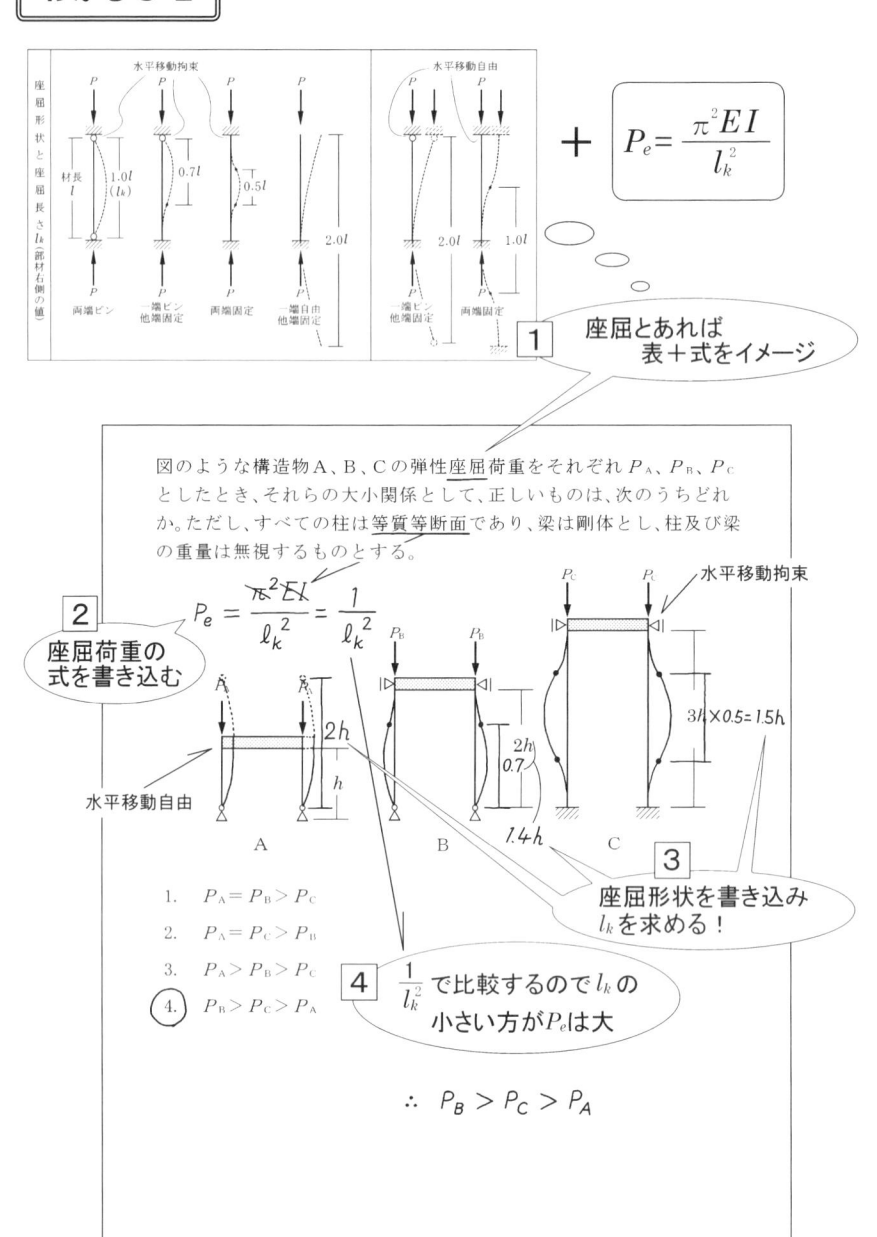

図のような構造物A、B、Cの弾性座屈荷重をそれぞれ P_A、P_B、P_C としたとき、それらの大小関係として、正しいものは、次のうちどれか。ただし、すべての柱は等質等断面であり、梁は剛体とし、柱及び梁の重量は無視するものとする。

2 座屈荷重の式を書き込む

$$P_e = \frac{\pi^2 EI}{l_k^2} = \frac{1}{l_k^2}$$

A：水平移動自由、$2h$、h
B：$2h$、$\frac{2h}{0.7} = 1.4h$
C：$3h \times 0.5 = 1.5h$、水平移動拘束

1. $P_A = P_B > P_C$
2. $P_A = P_C > P_B$
3. $P_A > P_B > P_C$
4. $P_B > P_C > P_A$ ←○

3 座屈形状を書き込み l_k を求める！

4 $\frac{1}{l_k^2}$ で比較するので l_k の小さい方が P_e は大

∴ $P_B > P_C > P_A$

できる 3-2

図のような構造物A、B、Cの弾性座屈荷重をそれぞれ P_A、P_B、P_C としたとき、それらの大小関係として、正しいものは、次のうちどれか。ただし、すべての柱は等質等断面であり、梁は剛体とし、柱及び梁の重量は無視するものとする。

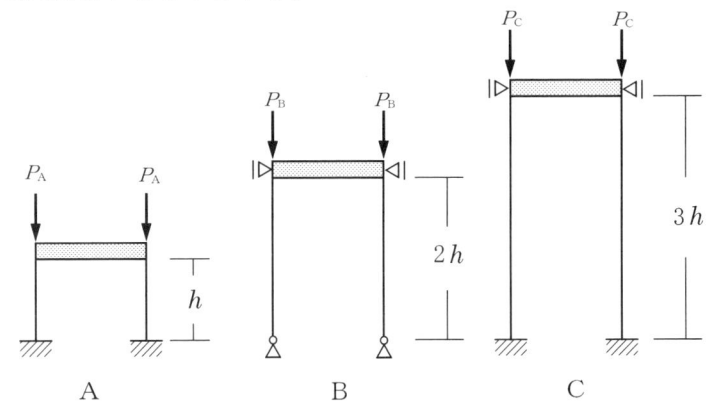

1. $P_A = P_B > P_C$
2. $P_A = P_C > P_B$
3. $P_A > P_B > P_C$
4. $P_B > P_C > P_A$

【正解：3】

3章 座屈

わかる 3-3

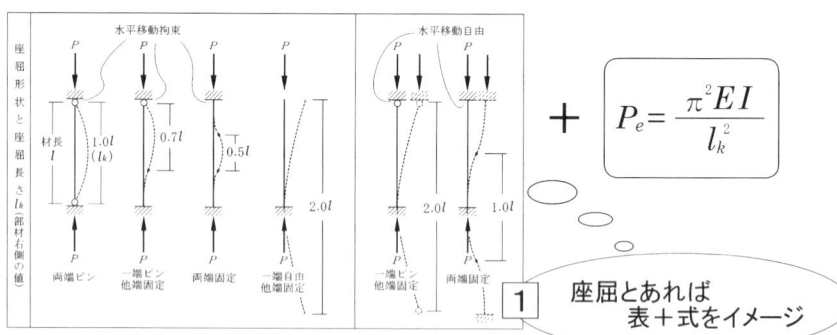

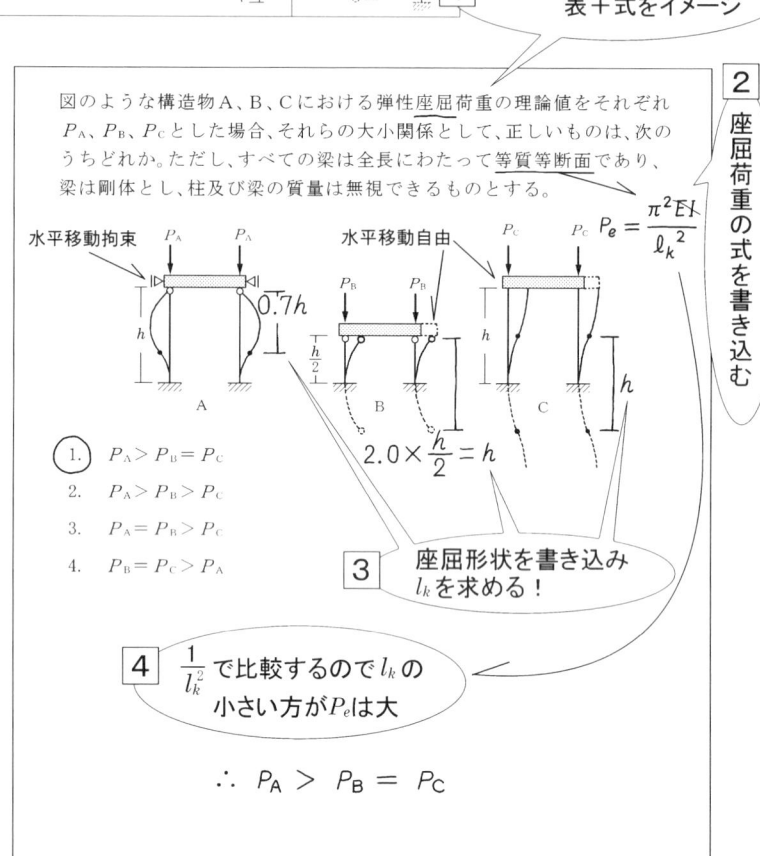

1 座屈とあれば 表＋式をイメージ

$$P_e = \frac{\pi^2 EI}{l_k^2}$$

座屈形状と座屈長さ l_k（部材右側の値）

水平移動拘束：両端ピン $1.0l$ (l_k)、一端ピン他端固定 $0.7l$、両端固定 $0.5l$、一端自由他端固定 $2.0l$

水平移動自由：一端ピン他端固定 $2.0l$、両端固定 $1.0l$

図のような構造物A、B、Cにおける弾性座屈荷重の理論値をそれぞれ P_A、P_B、P_C とした場合、それらの大小関係として、正しいものは、次のうちどれか。ただし、すべての梁は全長にわたって等質等断面であり、梁は剛体とし、柱及び梁の質量は無視できるものとする。

2 座屈荷重の式を書き込む

水平移動拘束：A $0.7h$、h

水平移動自由：B $\frac{h}{2}$、C h

$P_e = \frac{\pi^2 EI}{l_k^2}$

1. $P_A > P_B = P_C$ ←
2. $P_A > P_B > P_C$
3. $P_A = P_B > P_C$
4. $P_B = P_C > P_A$

3 座屈形状を書き込み l_k を求める！

$2.0 \times \frac{h}{2} = h$

4 $\frac{1}{l_k^2}$ で比較するので l_k の小さい方が P_e は大

$$\therefore\ P_A > P_B = P_C$$

できる 3-3

図のような構造物A、B、Cにおける弾性座屈荷重の理論値をそれぞれ P_A、P_B、P_C とした場合、それらの大小関係として、正しいものは、次のうちどれか。ただし、すべての梁は全長にわたって等質等断面であり、梁は剛体とし、柱及び梁の質量は無視できるものとする。

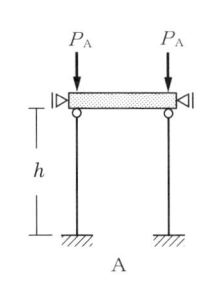

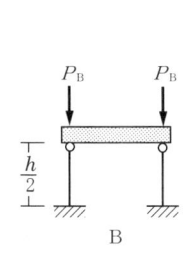

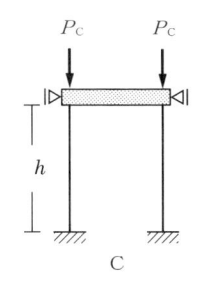

1. $P_A > P_B = P_C$
2. $P_A > P_B > P_C$
3. $P_C > P_A > P_B$
4. $P_B = P_C > P_A$

【正解：3】

3章 座屈

わかる 3-4

座屈形状と座屈長さ l_k(部材右側の値)

水平移動拘束
- 両端ピン: $1.0l$ (l_k), 材長 l
- 一端ピン他端固定: $0.7l$
- 両端固定: $0.5l$
- 一端自由他端固定: $2.0l$

水平移動自由
- 一端ピン他端固定: $2.0l$
- 両端固定: $1.0l$

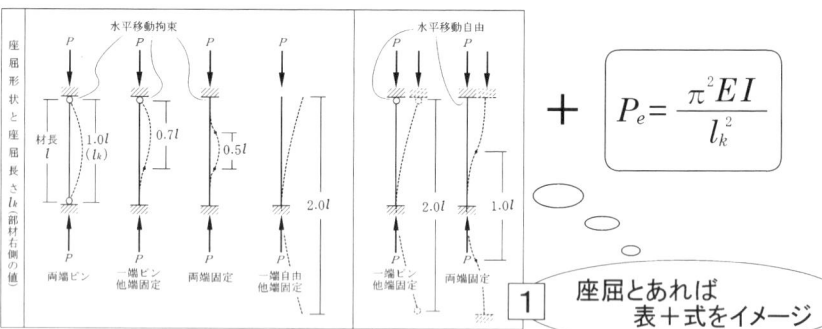

$$P_e = \frac{\pi^2 EI}{l_k^2}$$

1 座屈とあれば 表＋式をイメージ

図のような構造物A、B、C、Dの柱の弾性座屈荷重をそれぞれ P_A、P_B、P_C、P_D としたとき、それらの大小関係として、正しいものは、次のうちどれか。ただし、すべての柱及び梁は等質等断面であり、「柱及び梁の重量」及び「柱の面外方向の座屈及び梁の座屈」については無視するものとする。

2 座屈荷重の式を書き込む

$$P_e = \frac{\pi^2 EI}{l_k^2}$$

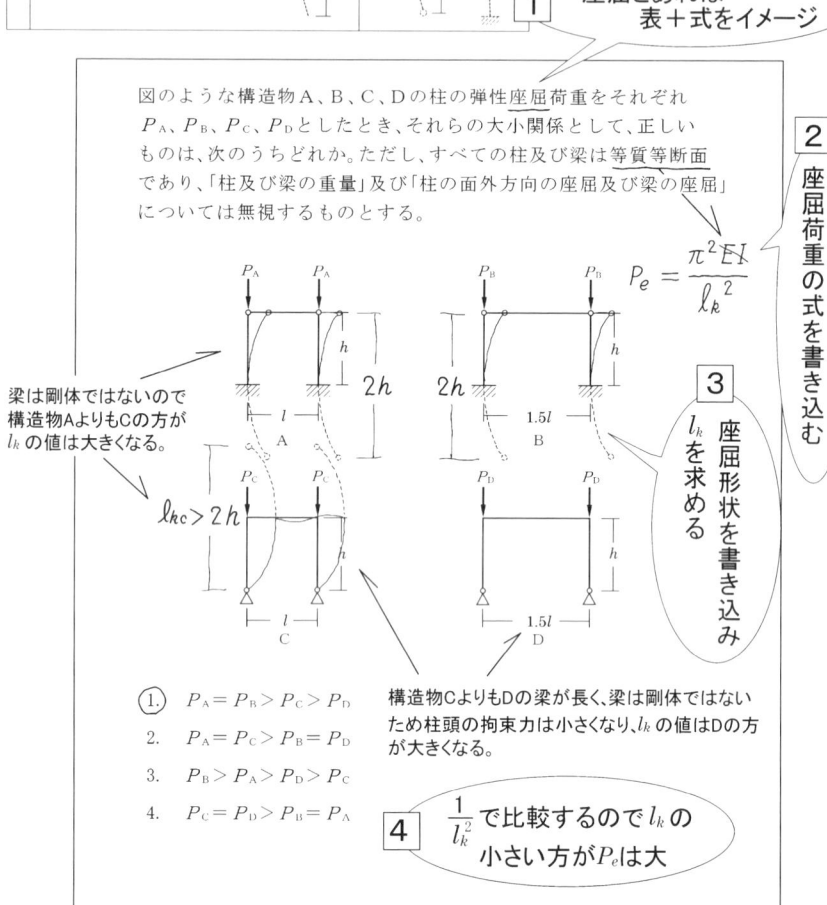

3 座屈形状を書き込み l_k を求める

梁は剛体ではないので構造物AよりもCの方が l_k の値は大きくなる。

$l_{kC} > 2h$

- A: P_A, P_A, 高さ $2h$, 幅 l
- B: P_B, P_B, 高さ $2h$, 幅 $1.5l$
- C: P_C, P_C, 高さ h, 幅 l
- D: P_D, P_D, 高さ h, 幅 $1.5l$

1. $P_A = P_B > P_C > P_D$
2. $P_A = P_C > P_B = P_D$
3. $P_B > P_A > P_D > P_C$
4. $P_C = P_D > P_B = P_A$

構造物CよりもDの梁が長く、梁は剛体ではないため柱頭の拘束力は小さくなり、l_k の値はDの方が大きくなる。

4 $\frac{1}{l_k^2}$ で比較するので l_k の小さい方が P_e は大

できる 3-4

図のような構造物A、B、C、Dの柱の弾性座屈荷重をそれぞれ P_A、P_B、P_C、P_Dとしたとき、それらの大小関係として、正しいものは、次のうちどれか。ただし、すべての柱及び梁は等質等断面であり、「柱及び梁の重量」及び「柱の面外方向の座屈及び梁の座屈」については無視するものとする。

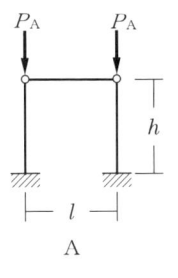

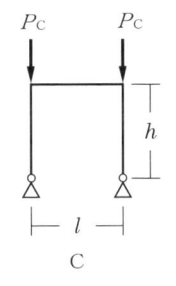

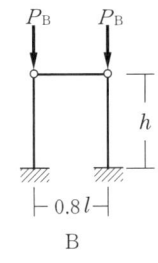

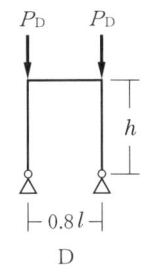

1. $P_A = P_B > P_C > P_D$
2. $P_A = P_C > P_B = P_D$
3. $P_B = P_A > P_D > P_C$
4. $P_C = P_D > P_B = P_A$

【正解：3】

3章 座屈

わかる 3-5

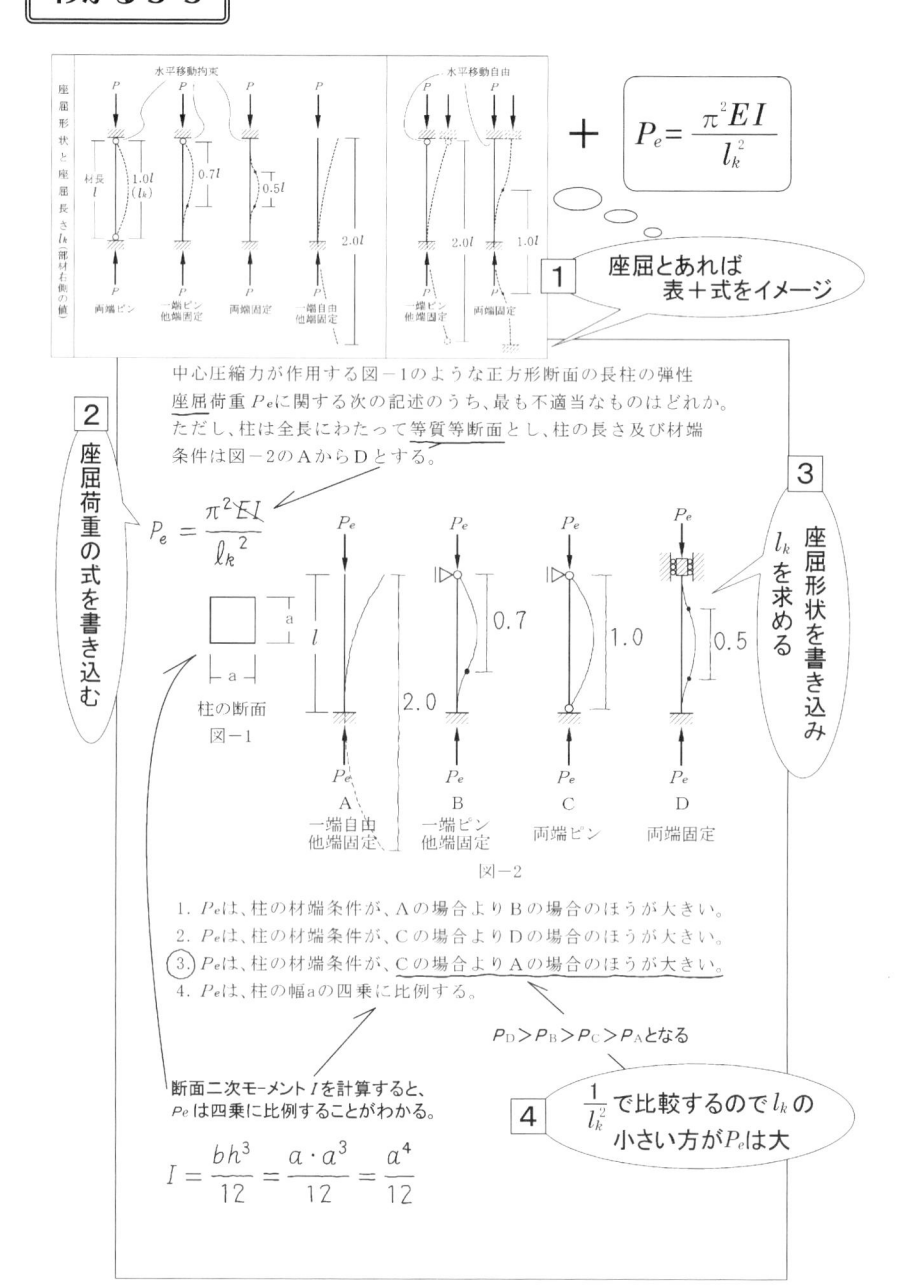

座屈形状と座屈長さ l_k（部材右側の値）

両端ピン	一端ピン他端固定	両端固定	一端自由他端固定	一端ピン他端固定	両端固定
$1.0l$ (l_k)	$0.7l$	$0.5l$	$2.0l$	$2.0l$	$1.0l$

水平移動拘束 ／ 水平移動自由

$$P_e = \frac{\pi^2 EI}{l_k^2}$$

1 座屈とあれば 表＋式をイメージ

中心圧縮力が作用する図－1のような正方形断面の長柱の弾性座屈荷重 P_e に関する次の記述のうち、最も不適当なものはどれか。ただし、柱は全長にわたって等質等断面とし、柱の長さ及び材端条件は図－2のAからDとする。

2 座屈荷重の式を書き込む

$$P_e = \frac{\pi^2 EI}{l_k^2}$$

柱の断面　図－1

3 座屈形状を書き込み l_k を求める

A 一端自由他端固定： 2.0 (l)
B 一端ピン他端固定： 0.7
C 両端ピン： 1.0
D 両端固定： 0.5

図－2

1. P_e は、柱の材端条件が、Aの場合よりBの場合のほうが大きい。
2. P_e は、柱の材端条件が、Cの場合よりDの場合のほうが大きい。
3. P_e は、柱の材端条件が、Cの場合よりAの場合のほうが大きい。
4. P_e は、柱の幅 a の四乗に比例する。

断面二次モーメント I を計算すると、P_e は四乗に比例することがわかる。

$$I = \frac{bh^3}{12} = \frac{a \cdot a^3}{12} = \frac{a^4}{12}$$

$P_D > P_B > P_C > P_A$ となる

4 $\dfrac{1}{l_k^2}$ で比較するので l_k の小さい方が P_e は大

できる 3-5

中心圧縮力が作用する図-1のような正方形断面の長柱の弾性座屈荷重P_eに関する次の記述のうち、最も不適当なものはどれか。ただし、柱は全長にわたって等質等断面とし、柱の長さ及び材端条件は図-2のAからDとする。

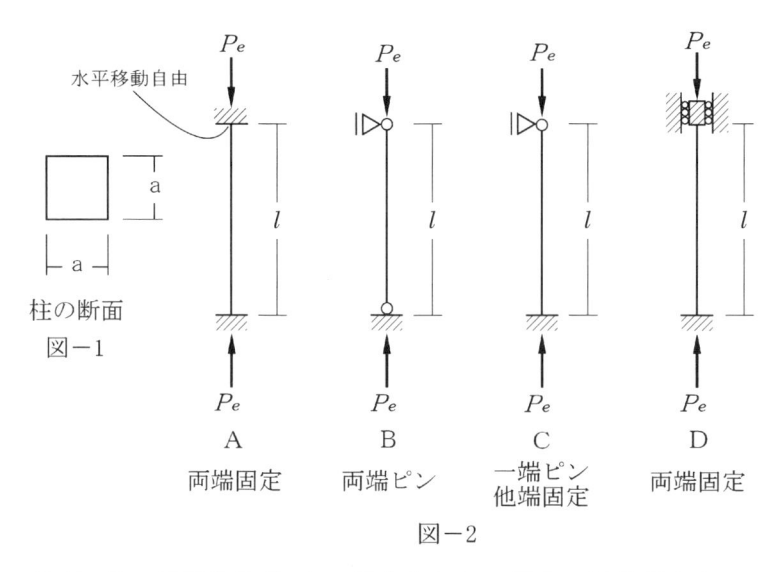

図-1　柱の断面

A　両端固定
B　両端ピン
C　一端ピン他端固定
D　両端固定

図-2

1. P_eは、柱の材端条件が、Aの場合よりBの場合のほうが大きい。
2. P_eは、柱の材端条件が、Bの場合よりCの場合のほうが大きい。
3. P_eは、柱の材端条件が、Cの場合よりDの場合のほうが大きい。
4. P_eは、柱の幅aの四乗に比例する。

ヒント: 1. Aは両端固定であるが、上端が水平移動自由であるから座屈長さはBと等しくなる。

【正解：1】

3章 座屈

わかる 3-6

① 座屈とあれば　表+式をイメージ

② 座屈荷重の式を書き込む

図のような支持条件及び断面で同一材質からなる柱A、B、Cにおいて、中心圧縮の弾性座屈荷重の理論値 P_A、P_B、P_C の大小関係として、正しいものは、次のうちどれか。ただし、図中における寸法の単位はcmとする。

柱	A	B	C
支持条件	P_A　両端ピン（水平移動拘束）	P_B　両端ピン（水平移動拘束）	P_C　両端ピン（水平移動拘束）
断面	10, 15, 10 / 10+10+10	10, 35, 10 / 5+10+5	37.5 / 20

$$P_e = \frac{\pi^2 EI}{\ell_k^2}$$

3つの柱の支持条件と長さが同じなので、各柱の l_k は等しい。また、同一材質で E も等しい。よって、P_e を比較するには、各断面二次モーメント I の値を求めればよい。

1. $P_A > P_C > P_B$
2. $P_B > P_A > P_C$
3. $P_B > P_C > P_A$
4. $P_C > P_A > P_B$

$$I_C = \frac{37.5 \times 20^3}{12} = \frac{37.5 \times (2 \times 10)^3}{12} = \frac{37.5 \times 8 \times 10^3}{12} = \frac{300 \times 10^3}{12}$$

$$I_B = \frac{10 \times 20^3}{12} \times 2 + \frac{35 \times 10^3}{12} = \frac{20 \times (2 \times 10)^3}{12} + \frac{35 \times 10^3}{12} = \frac{160 \times 10^3}{12} + \frac{35 \times 10^3}{12} = \frac{195 \times 10^3}{12}$$

$$I_A = \frac{10 \times 30^3}{12} \times 2 + \frac{15 \times 10^3}{12} = \frac{20 \times (3 \times 10)^3}{12} + \frac{15 \times 10^3}{12}$$
$$= \frac{540 \times 10^3}{12} + \frac{15 \times 10^3}{12} = \frac{555 \times 10^3}{12}$$

I の大きい方が P_e は大

∴ $I_A > I_C > I_B$　$P_A > P_C > P_B$

※ 指数の計算法については98頁を参照すること。

できる3-6

図のような支持条件及び断面で同一材質からなる柱A、B、Cにおいて、中心圧縮の弾性座屈荷重の理論値 P_A、P_B、P_C の大小関係として、正しいものは、次のうちどれか。ただし、図中における寸法の単位はcmとする。

柱	A	B	C
支持条件	両端ピン（水平移動拘束）	両端ピン（水平移動拘束）	両端ピン（水平移動拘束）
断面	H形（10-15-10、幅10+10+10）	I形（10-35-10、幅5+10+5）	長方形（40×25）

1. $P_A > P_C > P_B$
2. $P_B > P_A > P_C$
3. $P_B > P_C > P_A$
4. $P_C > P_A > P_B$

ヒント：弱軸に関する断面二次モーメントで計算すること。$I_C = \dfrac{40 \times 25^3}{12} = \dfrac{625 \times 10^3}{12}$

【正解：4】

3章 座屈

わかる 3-7

[1] 座屈とあれば 表＋式をイメージ

中心圧縮を受ける正方形断面の長柱の弾性座屈荷重 P_e に関する次の記述のうち、最も不適当なものはどれか。ただし、柱は等質等断面とし、材端の水平移動は拘束されているものとする。

1. P_e は、正方形断面を保ちながら柱断面積が2倍になると4倍になる。
2. P_e は、柱の長さが $\frac{1}{2}$ 倍になると2倍になる。 ― P_e は座屈長さの2乗に反比例するので、2倍ではなく、4倍となる。 $\frac{1}{\left(\frac{1}{2}\right)^2} = 4$
3. P_e は、柱材のヤング係数が2倍になると2倍になる。
4. P_e は、柱の材端条件が「両端ピンの場合」より「一端ピン他端固定の場合」のほうが大きくなる。

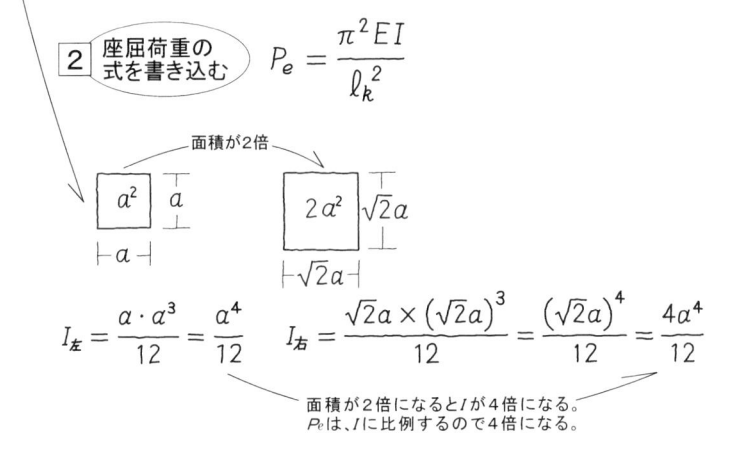

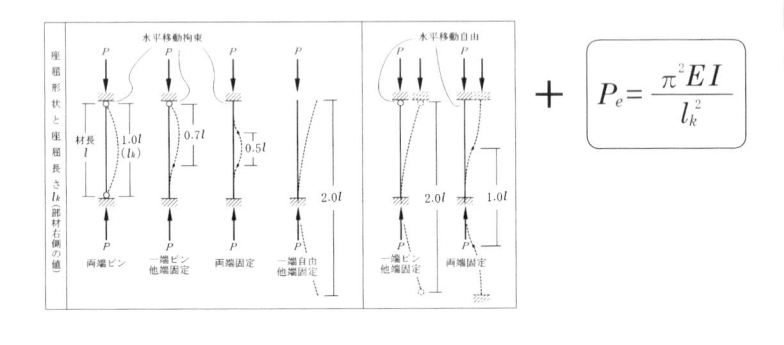

[2] 座屈荷重の式を書き込む　$P_e = \dfrac{\pi^2 EI}{{l_k}^2}$

面積が2倍

$I_{左} = \dfrac{a \cdot a^3}{12} = \dfrac{a^4}{12}$　　$I_{右} = \dfrac{\sqrt{2}a \times (\sqrt{2}a)^3}{12} = \dfrac{(\sqrt{2}a)^4}{12} = \dfrac{4a^4}{12}$

面積が2倍になると I が4倍になる。
P_e は、I に比例するので4倍になる。

座屈形状と座屈長さ l_k（部材右側の値）

水平移動拘束
- 材長 l (l_k)：両端ピン　$1.0l$
- 一端ピン他端固定　$0.7l$
- 両端固定　$0.5l$
- 一端自由他端固定　$2.0l$

水平移動自由
- 一端ピン他端固定　$2.0l$
- 両端固定　$1.0l$

＋　$P_e = \dfrac{\pi^2 EI}{{l_k}^2}$

できる 3-7

中心圧縮力を受ける長方形断面の長柱の弾性座屈荷重 P_e に関する次の記述のうち，最も不適当なものはどれか。ただし，柱は等質等断面とし，材端の水平移動は拘束されているものとする。

1. P_e は，柱の長さの二乗に比例する。
2. P_e は，柱の断面の弱軸に関する断面二次モーメントに比例する。
3. P_e は，柱材のヤング係数に比例する。
4. P_e は，柱の材端条件が，「一端ピン他端固定」の場合より「両端固定」の場合のほうが大きい。

【正解：1】

4章　固有周期

　固有周期に関する問題は、2、3年に一度の頻度で出題されている。確実に正解を得るには、《固有周期の解き方の手順》に示される式を必ず覚えておかなければならない。

4章　固有周期

固有周期の基本的な解き方の手順は、次のようになる。

《固有周期の解き方の手順》

(1) 固有周期とあれば $T=2\pi\sqrt{\dfrac{m}{k}}$

(2) T の式を書き込む

(3) 大小関係の判定

(1) 固有周期とあれば $T=2\pi\sqrt{\dfrac{m}{k}}$

問題に取り組むとき、イメージするのは、構造物の固有周期 T の式である。m は質量で、k のバネ定数については次のとおり。

バネ定数 k は、図のような棒が弾性であるなら、質点にかかる水平荷重 W と水平変位 δ から次式で求められる。

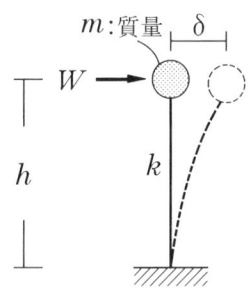

$$k=\frac{W}{\delta} \quad \cdots\cdots (1)$$

ここで、水平変位 δ は、片持ばりの変位として考えると次式となる。

$$\delta=\frac{Pl^3}{3EI}=\frac{Wh^3}{3EI} \quad \cdots\cdots (2)$$

よって、k は（1）に（2）を代入して次式で表される。

$$k=\frac{W}{\delta}=\frac{W}{\dfrac{Wh^3}{3EI}}=\frac{3EI}{h^3}$$

(2) T の式を書き込む

次の固有周期 T の式を問題用紙に書き込み、設問で与えられた m や h の値を記入し、必要に応じて、前述のバネ定数 k の式を代入する。

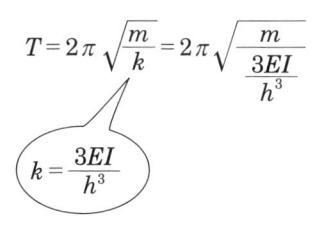

$$T = 2\pi\sqrt{\frac{m}{k}} = 2\pi\sqrt{\frac{m}{\frac{3EI}{h^3}}}$$

$$k = \frac{3EI}{h^3}$$

k の式は、「2章 水平力」で覚えた「支点がピンの水平剛性 K の式」と同一である。なお、ラーメンの支点が固定端であれば「支点が固定の水平剛性 K の式」を使うことになる。

〈ラーメン形式のバネ定数〉

4-2 のように、棒状ではなく、ラーメンなどの構造物で出題されることも多い。この場合のバネ定数は、すべての梁が剛体ですべての柱が等質等断面などの条件がそろえば、水平剛性とおきかえて計算する。

(3) 大小関係の判定

出題は、いくつか例示された構造物の各固有周期 T の大小関係を求めさせるものが多い。したがって、できるだけ計算ミスを防ぐためにも各式の共通項などを十分整理して、各 T の式を簡素化したものを並べて比較するとよい。

4-3 は、ここでの解き方の手順に加えて、応答せん断力の式が必要となる問題である。

4章　固有周期

わかる 4-1

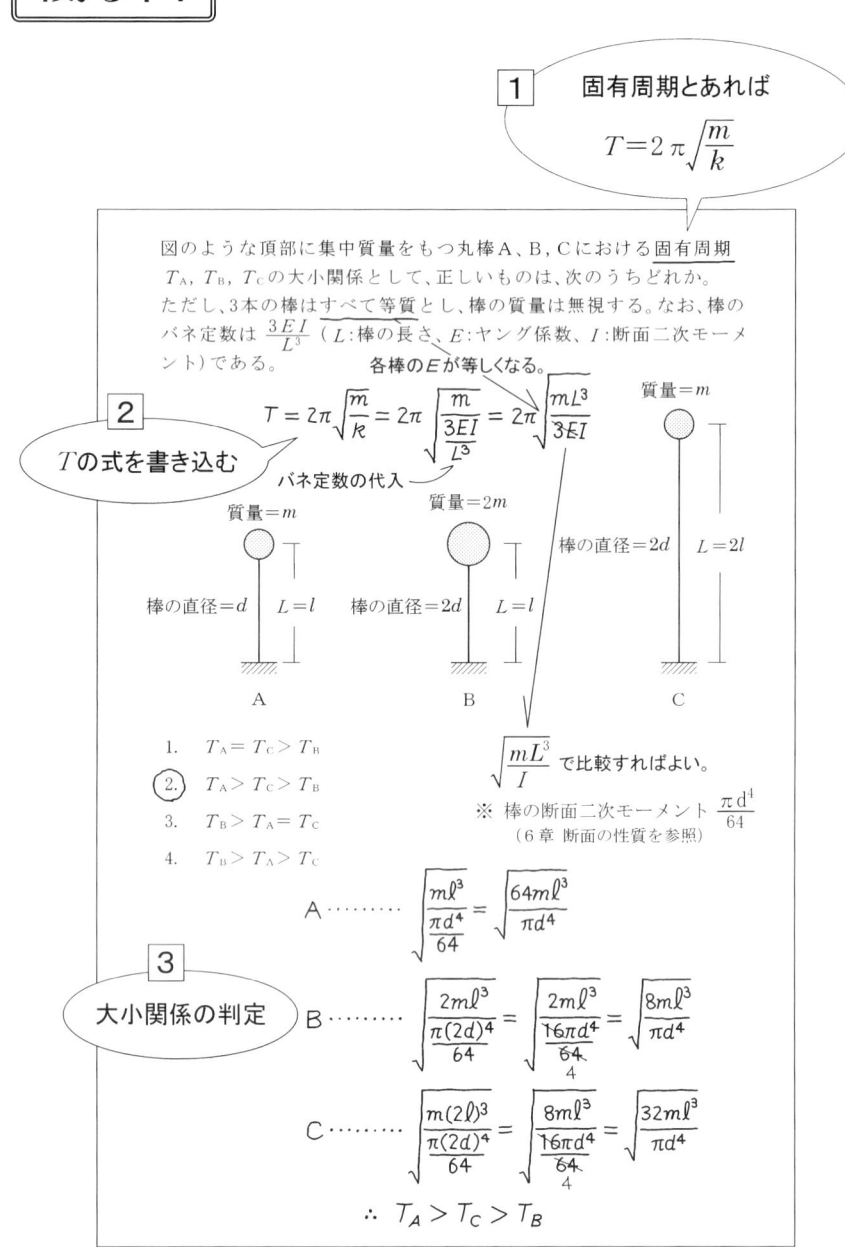

[1] 固有周期とあれば
$$T = 2\pi\sqrt{\frac{m}{k}}$$

図のような頂部に集中質量をもつ丸棒A、B、Cにおける<u>固有周期</u> T_A, T_B, T_C の大小関係として、正しいものは、次のうちどれか。ただし、3本の棒はすべて等質とし、棒の質量は無視する。なお、棒のバネ定数は $\frac{3EI}{L^3}$（L:棒の長さ、E:ヤング係数、I:断面二次モーメント）である。

各棒のEが等しくなる。

[2] Tの式を書き込む

$$T = 2\pi\sqrt{\frac{m}{k}} = 2\pi\sqrt{\frac{m}{\frac{3EI}{L^3}}} = 2\pi\sqrt{\frac{mL^3}{3EI}}$$

バネ定数の代入

A: 質量$=m$、棒の直径$=d$、$L=l$
B: 質量$=2m$、棒の直径$=2d$、$L=l$
C: 質量$=m$、棒の直径$=2d$、$L=2l$

1. $T_A = T_C > T_B$
2. $T_A > T_C > T_B$ ◯
3. $T_B > T_A = T_C$
4. $T_B > T_A > T_C$

$\sqrt{\frac{mL^3}{I}}$ で比較すればよい。

※ 棒の断面二次モーメント $\frac{\pi d^4}{64}$
（6章 断面の性質を参照）

[3] 大小関係の判定

A ……… $\sqrt{\dfrac{ml^3}{\frac{\pi d^4}{64}}} = \sqrt{\dfrac{64ml^3}{\pi d^4}}$

B ……… $\sqrt{\dfrac{2ml^3}{\frac{\pi (2d)^4}{64}}} = \sqrt{\dfrac{2ml^3}{\frac{16\pi d^4}{64}}} = \sqrt{\dfrac{8ml^3}{\pi d^4}}$

C ……… $\sqrt{\dfrac{m(2l)^3}{\frac{\pi (2d)^4}{64}}} = \sqrt{\dfrac{8ml^3}{\frac{16\pi d^4}{64}}} = \sqrt{\dfrac{32ml^3}{\pi d^4}}$

$\therefore T_A > T_C > T_B$

できる 4-1

図のような頂部に集中質量をもつ丸棒A、B、Cにおける固有周期 T_A, T_B, T_C の大小関係として、正しいものは、次のうちどれか。ただし、3本の棒はすべて等質とし、棒の質量は無視する。なお、棒のバネ定数は $\frac{3EI}{L^3}$ (L:棒の長さ、E:ヤング係数、I:断面二次モーメント)である。

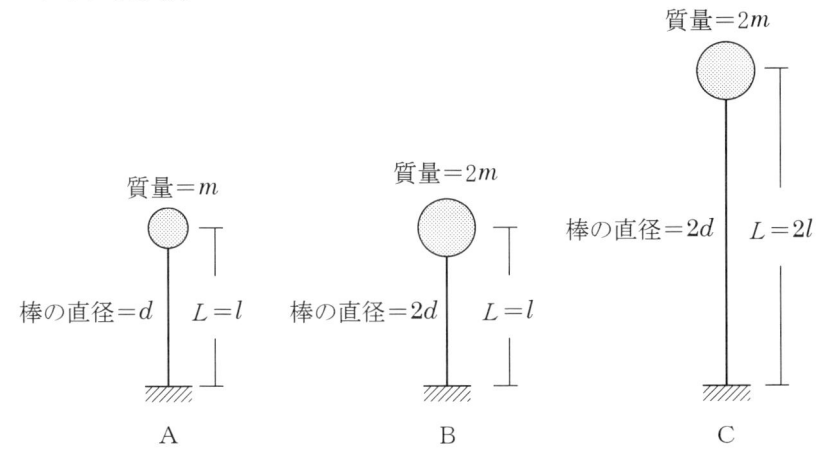

A: 質量=m, 棒の直径=d, $L=l$

B: 質量=$2m$, 棒の直径=$2d$, $L=l$

C: 質量=$2m$, 棒の直径=$2d$, $L=2l$

1. $T_A = T_C > T_B$
2. $T_A > T_C > T_B$
3. $T_B > T_A = T_C$
4. $T_B > T_A > T_C$

【正解:1】

4章 固有周期

わかる 4-2

> 1 固有周期とあれば
> $T = 2\pi\sqrt{\dfrac{m}{k}}$

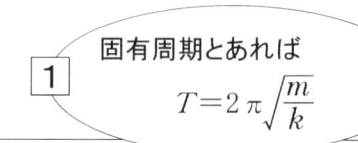

図のようなラーメン架構A、B、Cの水平方向の固有周期をそれぞれ T_A、T_B、T_Cとしたとき、それらの大小関係として、正しいものは、次のうちどれか。ただし、すべての柱は、等質等断面とし、すべての梁は剛体とする。

*EI*が等しくなる。

1. $T_A > T_B > T_C$
2. $T_B > T_A = T_C$
3. $T_A = T_C > T_B$ ←（正解）
4. $T_C > T_B > T_A$

A: 質量 = $8m$、高さ h、幅 l
B: 質量 = $2m$、高さ h、幅 l
C: 質量 = m、高さ $2h$、幅 l

> 2 Tの式を書き込む

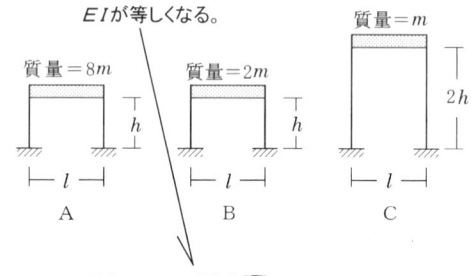

$$T = 2\pi\sqrt{\dfrac{m}{k}} = 2\pi\sqrt{\dfrac{m}{\dfrac{24EI}{h^3}}}$$

※柱は2本なので2倍する。
$k = \dfrac{12EI}{h^3} \times 2$
（2章 水平力を参照）

> 3 大小関係の判定

大小関係のみを判定するので、各架構のT式から共通項（2π、$24EI$）を除いた $\sqrt{mh^3}$ を比較すればよい。

A ……… $\sqrt{8mh^3}$

B ……… $\sqrt{2mh^3}$

C ……… $\sqrt{m(2h)^3} = \sqrt{8mh^3}$

$$\therefore\ T_A = T_C > T_B$$

できる 4-2

図のようなラーメン架構A、B、Cの水平方向の固有周期をそれぞれ T_A、T_B、T_C としたとき、それらの大小関係として、正しいものは、次のうちどれか。ただし、すべての柱は、等質等断面とし、すべての梁は剛体とする。

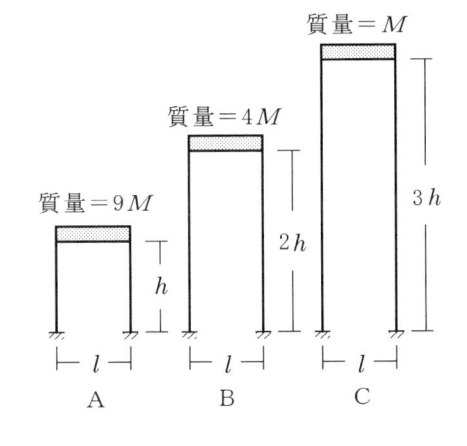

1. $T_A > T_B > T_C$

2. $T_B > T_A = T_C$

3. $T_B > T_C > T_A$

4. $T_C > T_B > T_A$

質量 $= 9M$、高さ h、幅 l — A
質量 $= 4M$、高さ $2h$、幅 l — B
質量 $= M$、高さ $3h$、幅 l — C

ヒント: A… $\sqrt{9Mh^3}$　B… $\sqrt{32Mh^3}$　C… $\sqrt{27Mh^3}$

【正解:3】

4章 固有周期

わかる 4-3

手順がそのまま使えない応用問題

① ・応答せん断力とあれば
$Q = m \cdot \alpha$ (α:応答加速度)

・固有周期とあれば
$T = 2\pi\sqrt{\dfrac{m}{k}}$

図−1のような頂部に集中質量をもつ棒A、B、Cにおける固有周期をそれぞれT_A、T_B、T_Cとする場合において、それぞれの棒の脚部に図−2のような加速度応答スペクトルをもつ地震動が入力されたとき、棒に生じる応答せん断力がQ_A、Q_B、Q_Cとなった。Q_A、Q_B、Q_Cの大小関係として、正しいものは、次のうちどれか。T_A、T_B、T_Cは、図−2のT_1、T_2、T_3のいずれかに対応し、応答は水平方向であり、弾性範囲内とする。

1. $Q_A > Q_B > Q_C$
2. $Q_B > Q_A > Q_C$
3. $Q_C > Q_A > Q_B$
4. $Q_C > Q_B > Q_A$

A: 質量 = m、剛性 = K
B: 質量 = m、剛性 = $2K$
C: 質量 = $2m$、剛性 = K

図−1

② Qの式を書き込み Tの式を書き込む

$Q = m \cdot \alpha$

③ Tの大小関係の判定

$T_A = 2\pi\sqrt{\dfrac{m}{K}} = 2\pi\sqrt{\dfrac{2m}{2K}}$

$T_B = 2\pi\sqrt{\dfrac{m}{2K}}$

$T_C = 2\pi\sqrt{\dfrac{2m}{K}} = 2\pi\sqrt{\dfrac{4m}{2K}}$

$T_B < T_A < T_C$

図−2 加速度応答スペクトル
加速度: $1.0g$、$0.8g$、$0.6g$ (g:重力加速度)
周期: T_1、T_2、T_3

Tの大小関係に対応させた横軸の周期を見つけて、縦軸の加速度αの値を読み取り、④の式に代入する。

④ $Q = m \cdot \alpha$ により Qの大小関係を判定

$Q_A = m \times 0.8g = 0.8mg$
$Q_B = m \times 1.0g = 1.0mg$
$Q_C = 2m \times 0.6g = 1.2mg$

$\therefore Q_C > Q_B > Q_A$

できる 4-3

図－1のような頂部に集中質量をもつ棒A、B、Cにおける固有周期をそれぞれ T_A、T_B、T_C とする場合において、それぞれの棒の脚部に図－2のような加速度応答スペクトルをもつ地震動が入力されたとき、棒に生じる応答せん断力が Q_A、Q_B、Q_C となった。T_A、T_B、T_C の大小関係と Q_A、Q_B、Q_C の大小関係との組み合わせとして、正しいものは、次のうちどれか。ただし、T_A、T_B、T_C は、図－2の T_1、T_2 との間の値をとり、応答は水平方向であり、弾性範囲内とする。

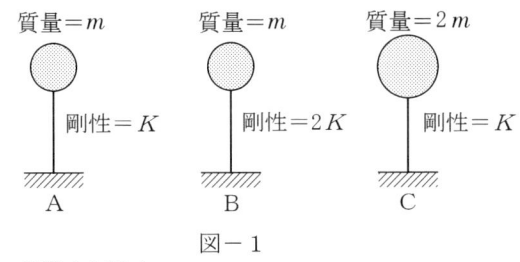

図－1

A: 質量＝m、剛性＝K
B: 質量＝m、剛性＝$2K$
C: 質量＝$2m$、剛性＝K

	固有周期	応答せん断力
1.	$T_C > T_A > T_B$	$Q_A > Q_B > Q_C$
2.	$T_B > T_A > T_C$	$Q_A > Q_B > Q_C$
3.	$T_B > T_A > T_C$	$Q_C > Q_A > Q_B$
4.	$T_C > T_A > T_B$	$Q_C > Q_B > Q_A$

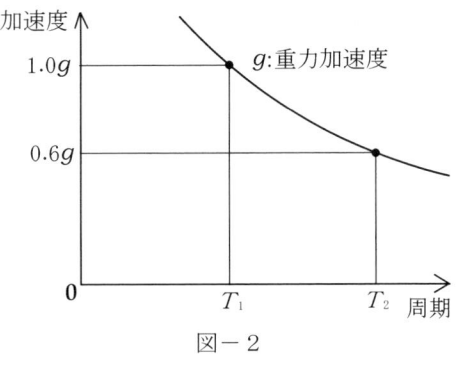

図－2（加速度応答スペクトル：周期 T_1 で $1.0g$、周期 T_2 で $0.6g$、g：重力加速度）

【正解：4】

5章　崩壊荷重

　崩壊荷重に関する出題は、最近では、3年に一度程度である。ここでも、解き方の手順をおさえておくことで、得点できる可能性の高い単元である。

5章 崩壊荷重

崩壊荷重の基本的な解き方の手順は、次のようになる。

《崩壊荷重の解き方の手順》
(1) 崩壊荷重とあれば $P_u \cdot l \cdot \theta = M_P \cdot \theta$
(2) 外力による仕事 $P_u \cdot l \cdot \theta$ を書き込む
(3) 内力による仕事 $M_P \cdot \theta$ を書き込む
(4) 計算する

(1) 崩壊荷重とあれば $P_u \cdot l \cdot \theta = M_P \cdot \theta$

① 崩壊荷重とは

図のように、崩壊は、ラーメンなどの構造物に荷重 P を作用させ、その大きさを増大させていくとき、いくつかの塑性ヒンジが発生して、それ以上の荷重を加えなくてもただ変位だけが増加して大きな変形を生じる（不安定[※1]）状態をいう。この一連の仕組みを崩壊メカニズムとよび、崩壊が生じるときの荷重が崩壊荷重 P_u となる。

M_P：全塑性モーメント　　〇：塑性ヒンジ

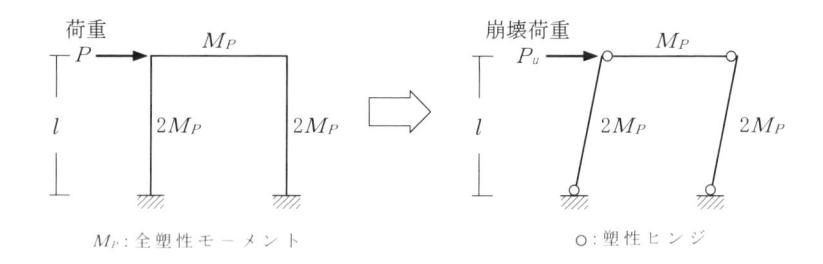

図中の塑性ヒンジは、部材の断面が全塑性モーメント（M_p）に達して回転自由なピン状態になった部分をいう。その発生する部分は、通常、荷重の作用する点、支点、そして、節点となる。とくに、柱と梁の交差するような節点については、M_p の小さい部材側に塑性ヒンジが発生することに注意する（上図では $2M_p$ の柱ではなく、M_p の梁部分に塑性ヒンジが発生する。）。なお、全塑性モーメントについては7章で説明している。

[※1] 不安定については、章末の［用語の意味］（84頁）を参照。

② 仮想仕事の原理

出題は、崩壊荷重 P_u の値を求めよというものが多い。これには、「外力による仕事と内力による仕事は等しい」という仮想仕事の原理とよばれるものを使う。これを、具体的にイメージできて、しかも、すぐに使えるようにしたものが、次式である。

$$P_u \cdot l \cdot \theta = M_p \cdot \theta$$

問題文の中に「崩壊荷重」とあれば、まずこの式を思い出すこと。式の内容については次で説明する。

(2) 外力による仕事 $P_u \cdot l \cdot \theta$ を書き込む

「$P_u \cdot l \cdot \theta$」は、外力による仕事 $W_{外}$ を表している。図のようなラーメンに P_u の力を働かせて、その力の向きに変位 δ が生じれば、外力による仕事 $W_{外}$ は、次式で表される。

$$W_{外} = P_u \times \delta$$

ここで δ は、次式で求められる。

$$\delta = l \times \theta$$

よって

$$W_{外} = P_u \times \delta = P_u \times l \times \theta = P_u \cdot l \cdot \theta$$

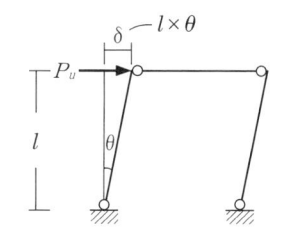

※ $W_{外}$ は、作用する崩壊荷重ごとに $P_u \cdot l \cdot \theta$ を計算し、それらを合計して求める。

$$W_{外} = P_u \cdot l \cdot \theta$$

(3) 内力による仕事 $M_P \cdot \theta$ を書き込む

「$M_p \cdot \theta$」は、内力による仕事 $W_{内}$ を表している。発生した塑性ヒンジごとに、その生じている部材の全塑性モーメント M_p に回転角 θ をかけ、それらを合計して求める。

$$W_{内} = M_p \times \theta$$

5章 崩壊荷重

※ $W_{内}$ は、塑性ヒンジごとに計算し、それらを合計して求める。

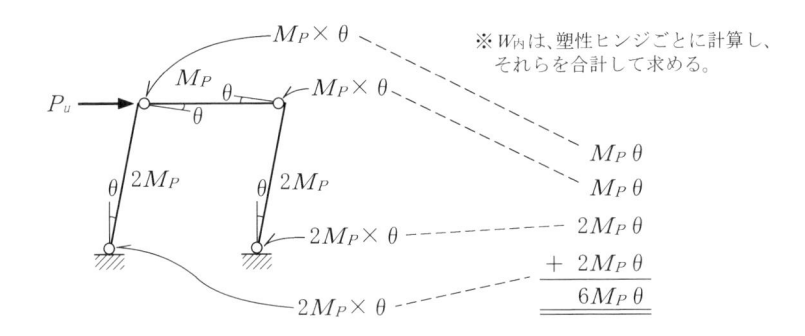

$M_P \theta$
$M_P \theta$
$2M_P \theta$
$+ \; 2M_P \theta$
$6M_P \theta$

（4）計算する

崩壊荷重 P_u の値は、（2）で求めた $W_{外}$ と（3）で計算した $W_{内}$ が等しいことを利用して求める。はじめに例として掲げている構造物の崩壊荷重 P_u は、次のように計算される。

$W_{外} = W_{内}$ より

$P_u \cdot l \cdot \theta = 6M_p \theta$

$\therefore P_u = \dfrac{6M_p}{l}$

〈複合問題〉

崩壊荷重に関する問題は、単独ではなく、次の例題のような複合問題（選択肢の一つ）として出題されることがある。例題のはりの全塑性モーメントを M_p とすると図のような崩壊メカニズムが考えられる。

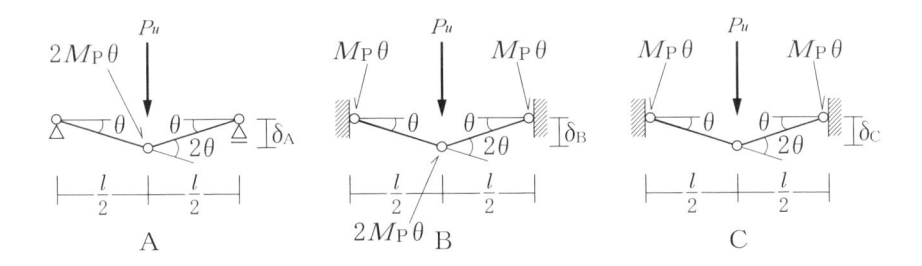

A

B

C

例題 図のようなはりA、B、Cにそれぞれ荷重Pが作用している場合、はりA、B、Cにおける応力、たわみ等の大きさの比として、誤っているものは、次のうちどれか。ただし、すべてのはりは、全長にわたって等質等断面であり、はりの質量の影響は無視するものとする。

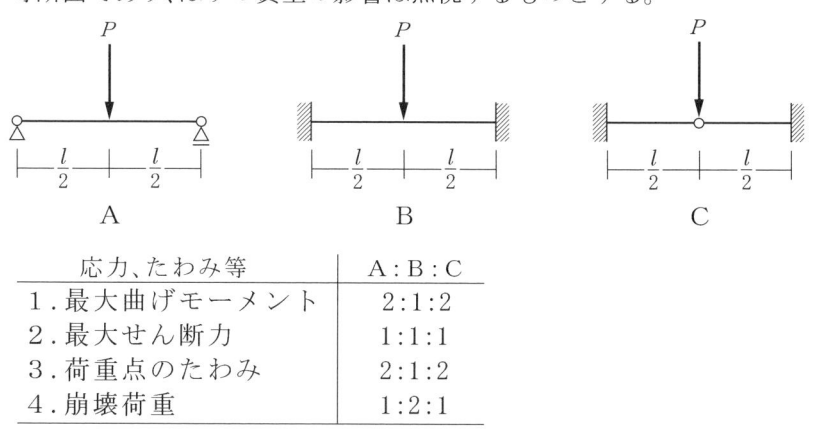

応力、たわみ等	A : B : C
1. 最大曲げモーメント	2 : 1 : 2
2. 最大せん断力	1 : 1 : 1
3. 荷重点のたわみ	2 : 1 : 2
4. 崩壊荷重	1 : 2 : 1

選択肢の 1. (はりの最大曲げモーメントの値は 161 頁参照) と 2. (せん断力については 177 頁参照) は、適当な比である。3. は【たわみの表】ではB値がすぐにでないが、4. 崩壊荷重の比が適当となれば、誤りは 3 番とわかる [(正) 4 : 1 : 4]。

なお、Cのはりに、たわみの式をあてはめるには、はりの中央部がピンなので、図のように二つの片持ばりと考える。

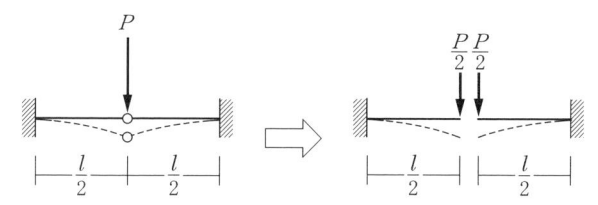

4. の各 $W_外$ は、次式で求められる。

$$W_外 = P_u \times \delta = P_u \times \frac{l}{2} \times \theta = \frac{P_u \cdot l \cdot \theta}{2}$$

ここで、δ_A、δ_B、δ_C の値が同一で、すべてのはりの $W_外$ は等しくなることから、崩壊荷重 P_u の比は、各 $W_内$ を算定 (前頁の図を参照) して比較すればよい。このとき、ピンを除き、塑性ヒンジのみ集めて計算するのがポイントである。

$$A : B : C = 2M_P\theta : 4M_P\theta : 2M_P\theta = 1 : 2 : 1$$

5章 崩壊荷重

わかる 5-1

1 崩壊荷重とあれば
$P_u \cdot l \cdot \theta = M_p \cdot \theta$

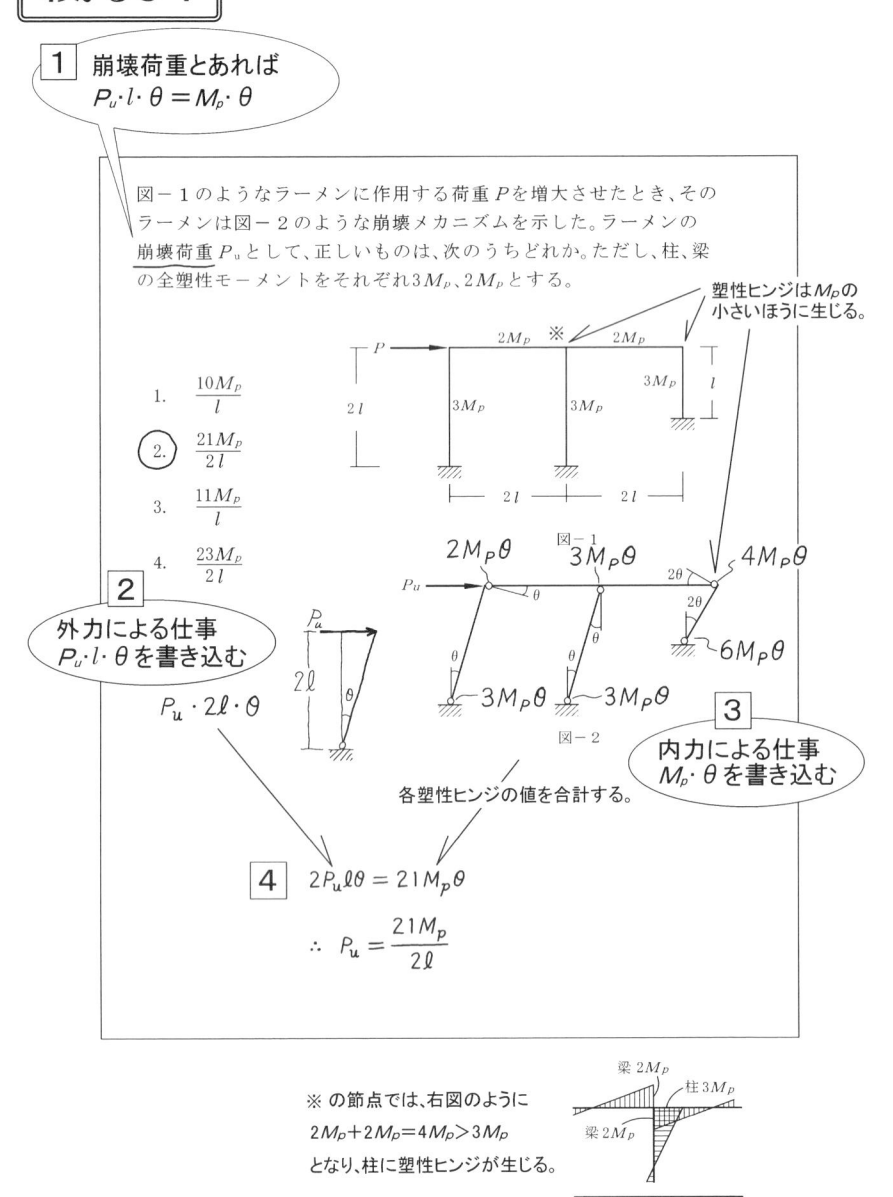

図-1のようなラーメンに作用する荷重 P を増大させたとき、そのラーメンは図-2のような崩壊メカニズムを示した。ラーメンの崩壊荷重 P_u として、正しいものは、次のうちどれか。ただし、柱、梁の全塑性モーメントをそれぞれ $3M_p$, $2M_p$ とする。

塑性ヒンジは M_p の小さいほうに生じる。

1. $\dfrac{10M_p}{l}$
2. $\dfrac{21M_p}{2l}$ ◯
3. $\dfrac{11M_p}{l}$
4. $\dfrac{23M_p}{2l}$

2 外力による仕事
$P_u \cdot l \cdot \theta$ を書き込む

$P_u \cdot 2l \cdot \theta$

3 内力による仕事
$M_p \cdot \theta$ を書き込む

各塑性ヒンジの値を合計する。

4 $2P_u l\theta = 21 M_p \theta$

∴ $P_u = \dfrac{21M_p}{2l}$

※ の節点では、右図のように
$2M_p + 2M_p = 4M_p > 3M_p$
となり、柱に塑性ヒンジが生じる。

梁 $2M_p$　柱 $3M_p$　梁 $2M_p$

できる 5-1

図−1のようなラーメンに作用する荷重 P を増大させたとき、そのラーメンは図−2のような崩壊メカニズムを示した。ラーメンの崩壊荷重 P_u として、正しいものは、次のうちどれか。ただし、柱、梁の全塑性モーメントをそれぞれ $3M_p$、$2M_p$ とする。

1. $\dfrac{10M_p}{l}$
2. $\dfrac{11M_p}{l}$
3. $\dfrac{21M_p}{l}$
4. $\dfrac{23M_p}{l}$

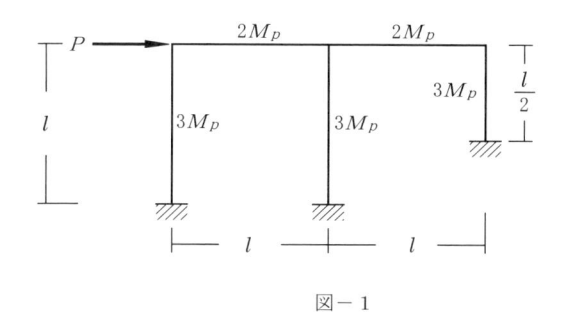

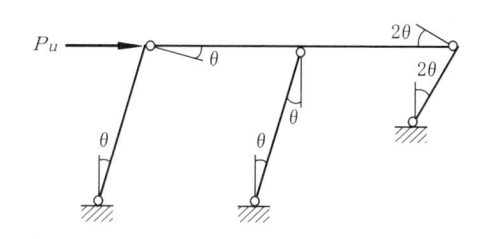

図−1

図−2

【正解：3】

5章 崩壊荷重

わかる 5-2

1 崩壊荷重とあれば $P_u \cdot l \cdot \theta = M_p \cdot \theta$

図－1のような水平荷重 P を受けるラーメンにおいて、水平荷重 P を増大させたとき、そのラーメンは、図－2のような崩壊機構を示した。ラーメンの崩壊荷重 P_u の値として、正しいものは、次のうちどれか。ただし、柱、梁の全塑性モーメント M_p の値をそれぞれ400kNm、200kNmとし、部材に作用する軸力及びせん断力による部材の曲げ耐力の低下は無視するものとする。

図－1: $M_p = 200$ kNm（梁）、$M_p = 400$ kNm、6m、4m、8m

図－2: 200θ、1.5θ、300θ、θ、※1.5θ、400θ、600θ

1. 150 kN
2. 200 kN
3. ◯ 250 kN
4. 300 kN

2 外力による仕事 $P_u \cdot l \cdot \theta$ を書き込む

3 内力による仕事 $M_p \cdot \theta$ を書き込む

図に θ の値が記されてないので ③ の前に算出する。

各塑性ヒンジの値を合計する。

4 $6 P_u \theta = 1500\theta$
 $\therefore P_u = 250$ kN

※ δ_1、δ_2、6m、θ_1、θ_2、4m

変位は、$\delta_1 = 6\theta_1$、$\delta_2 = 4\theta_2$ で表される。ここで、δ_1 と δ_2 は等しいので、$6\theta_1 = 4\theta_2$、よって、$\theta_2 = 6 \div 4 \times \theta_1 = 1.5\theta_1$ となる。

できる 5-2

図-1のような水平荷重 P を受けるラーメンにおいて、水平荷重 P を増大させたとき、そのラーメンは、図-2のような崩壊機構を示した。ラーメンの崩壊荷重 P_u の値として、正しいものは、次のうちどれか。ただし、部材に作用する軸力及びせん断力による部材の曲げ耐力の低下は無視するものとする。

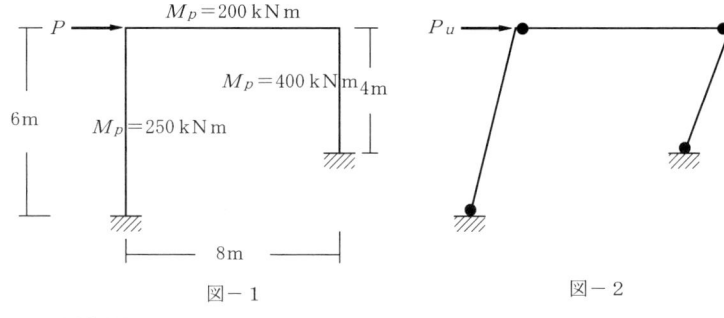

図-1

図-2

1. 200 kN
2. 225 kN
3. 250 kN
4. 275 kN

【正解：2】

5章 崩壊荷重

わかる 5-3

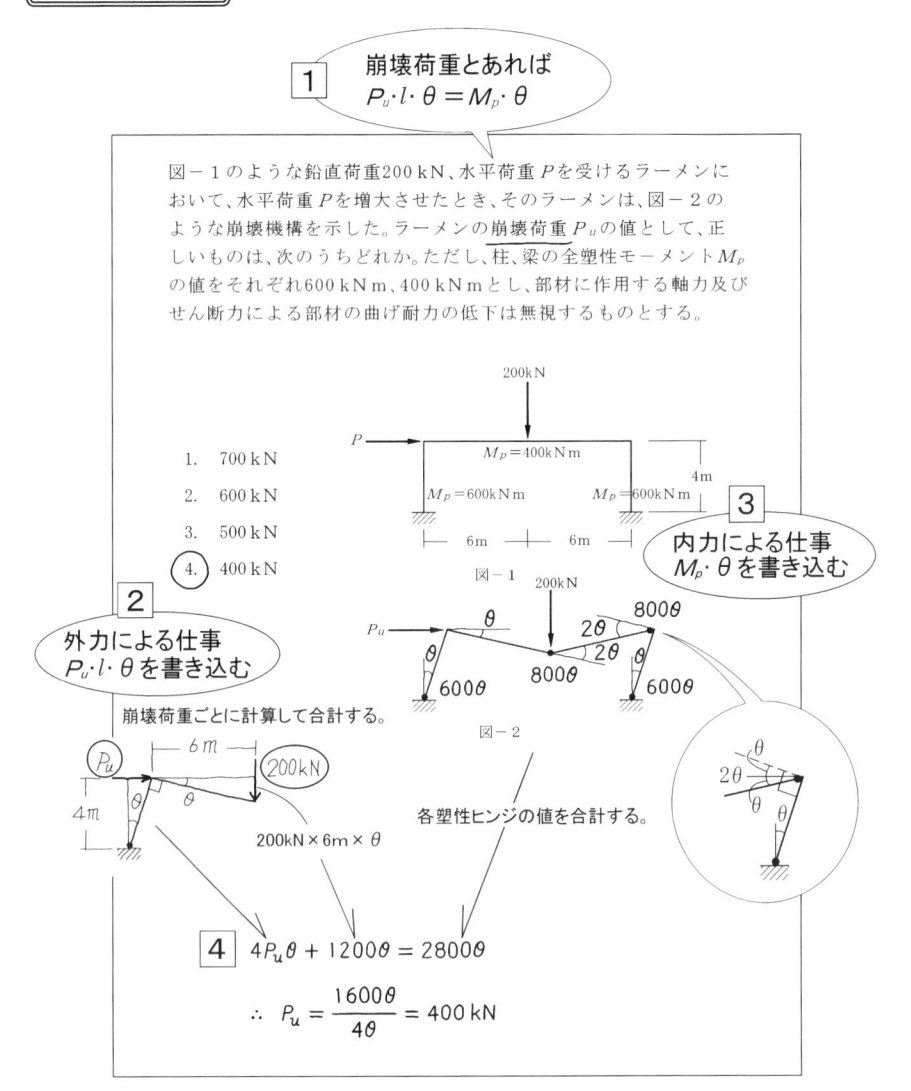

> [1] 崩壊荷重とあれば
> $P_u \cdot l \cdot \theta = M_p \cdot \theta$

図－1のような鉛直荷重200 kN、水平荷重 P を受けるラーメンにおいて、水平荷重 P を増大させたとき、そのラーメンは、図－2のような崩壊機構を示した。ラーメンの崩壊荷重 P_u の値として、正しいものは、次のうちどれか。ただし、柱、梁の全塑性モーメント M_p の値をそれぞれ600 kN m、400 kN m とし、部材に作用する軸力及びせん断力による部材の曲げ耐力の低下は無視するものとする。

1. 700 kN
2. 600 kN
3. 500 kN
4. 400 kN ◯

図－1

図－2

> [2] 外力による仕事
> $P_u \cdot l \cdot \theta$ を書き込む

> [3] 内力による仕事
> $M_p \cdot \theta$ を書き込む

崩壊荷重ごとに計算して合計する。

200 kN × 6m × θ

各塑性ヒンジの値を合計する。

[4] $4P_u\theta + 1200\theta = 2800\theta$

$\therefore P_u = \dfrac{1600\theta}{4\theta} = 400 \text{ kN}$

できる 5-3

図-1のような鉛直荷重300 kN、水平荷重 P を受けるラーメンにおいて、水平荷重 P を増大させたとき、そのラーメンは、図-2のような崩壊機構を示した。ラーメンの崩壊荷重 P_u の値として、正しいものは、次のうちどれか。ただし、柱、梁の全塑性モーメント M_p の値をそれぞれ600 kNm、400 kNmとし、部材に作用する軸力及びせん断力による部材の曲げ耐力の低下は無視するものとする。

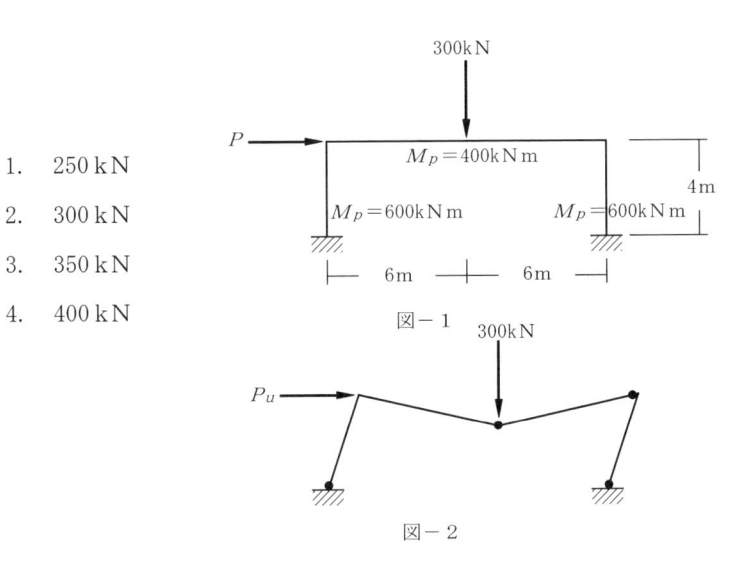

1. 250 kN
2. 300 kN
3. 350 kN
4. 400 kN

図-1

図-2

【正解：1】

5章 崩壊荷重

わかる 5-4

1 崩壊荷重とあれば $P_u \cdot l \cdot \theta = M_p \cdot \theta$

図－1のような梁に作用する荷重 P を増大させたとき、その梁は図－2のような崩壊メカニズムを示した。梁の崩壊荷重 P_u の値として、正しいものは、次のうちどれか。ただし、梁の全塑性モーメントの値を M_p とする。

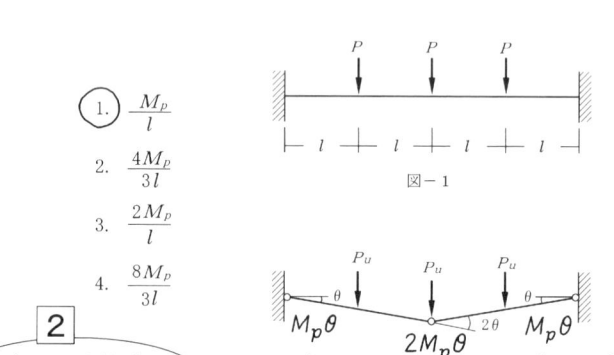

1. $\dfrac{M_p}{l}$ ◯
2. $\dfrac{4M_p}{3l}$
3. $\dfrac{2M_p}{l}$
4. $\dfrac{8M_p}{3l}$

図－1

図－2　$M_p\theta$　$2M_p\theta$　$M_p\theta$

2 外力による仕事 $P_u \cdot l \cdot \theta$ を書き込む

崩壊荷重ごとに計算して合計する。

$P_u l\theta$
$2P_u l\theta$
$P_u l\theta$

3 内力による仕事 $M_p \cdot \theta$ を書き込む

各塑性ヒンジの値を合計する。

4 $4P_u l\theta = 4M_p\theta$

$\therefore P_u = \dfrac{M_p}{l}$

82

できる 5-4

図－1のような梁に作用する荷重 P を増大させたとき、その梁は図－2のような崩壊メカニズムを示した。梁の崩壊荷重 P_u の値として、正しいものは、次のうちどれか。ただし、梁の全塑性モーメントの値を M_p とする。

1. $\dfrac{M_p}{l}$
2. $\dfrac{4M_p}{3l}$
3. $\dfrac{2M_p}{l}$
4. $\dfrac{8M_p}{3l}$

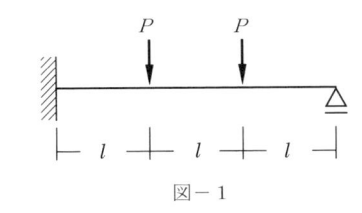

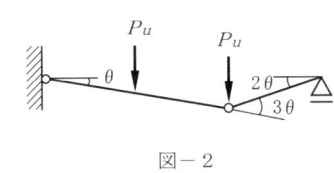

図－1

図－2

ヒント：右端のローラー（支点）は、塑性ヒンジではないことに注意する。　　【正解：2】

5章 崩壊荷重

[用語の意味]

1. 静定・不静定

　図のような構造物は、不安定構造とよばれ、わずかな荷重が作用しただけでも簡単に崩れてしまう。

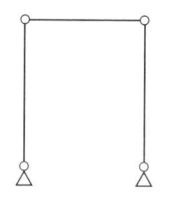

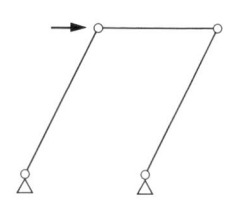

　この構造物に、図のような斜材を入れると、一定の水平力が作用してもその形状を保つことができる。このように外力が作用しても、移動や大きく変形して崩れない構造は安定構造とよばれる。

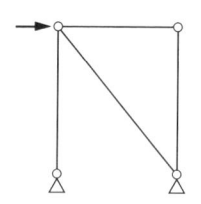

　そして、この安定構造のなかで、力のつりあい条件式を用いて反力や部材の応力が求められる構造物を静定（せいてい）とよぶ。また、不静定（ふせいてい）とは、静定でないものをいい、応力を求めるには、力のつりあい条件式に加えて、部材の変形などを考慮しなければならない構造物をいう。まとめると次のとおり。

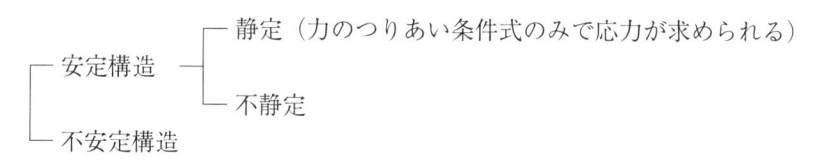

```
              ┌─ 静定（力のつりあい条件式のみで応力が求められる）
    ┌ 安定構造 ┤
    ┤         └─ 不静定
    └ 不安定構造
```

2. 判別式

ある構造物の静定、あるいは不静定の判定には、次の判別式を用いる。

① 反力数＋部材数＋剛節数＝2×節点数　………　静定となる
② 反力数＋部材数＋剛節数＞2×節点数　………　不静定となる
③ 反力数＋部材数＋剛節数＜2×節点数　………　不安定となる

※節点数には支点や自由端も含む。

〈反力数〉

「8章　トラス（152頁）」で説明している。

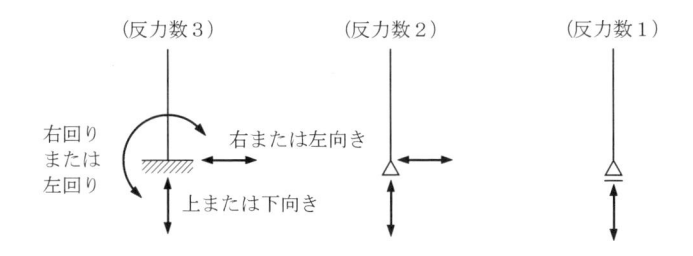

（反力数3）　　　（反力数2）　　　（反力数1）

右回り
または
左回り　　右または左向き

上または下向き

〈部材数〉

次の例題の構造物で、解答の計算例と照らし合わせて確認すること。

〈剛節数〉

節点において、ある一つの部材に剛接合された他の部材数をいう。具体的には、次のとおり。

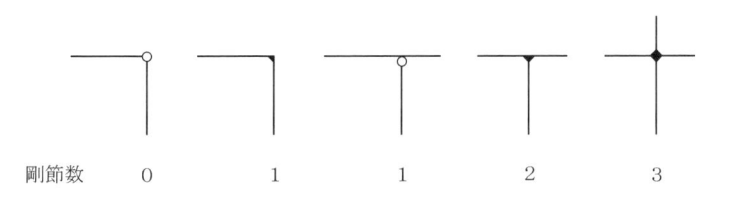

剛節数　　0　　　1　　　1　　　2　　　3

5章 崩壊荷重

実際に、判別式を使って、次の例題を解いてみよう。

例題 次の構造物のうち、静定構造はどれか。

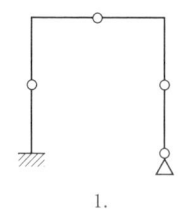

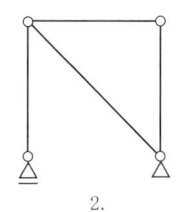

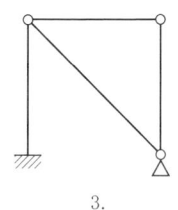

判別式の結果は、次のとおり。

反力数＋部材数＋剛節数＝2×節点数

1.   5 ＋ 6 ＋ 2 ＜ 2×7 ………不安定
2.   3 ＋ 4 ＋ 0 ＜ 2×4 ………不安定
3.   5 ＋ 4 ＋ 0 ＞ 2×4 ………不静定
4.   3 ＋ 5 ＋ 2 ＝ 2×5 ………静定

正解は、4番となる。

6章　断面の性質

　断面の性質に関する問題は、3年に一度程度の出題となっている。出題の中心は、断面二次モーメントと断面係数に関するものである。したがって、この二つの式とその使い方を中心に覚える。

6章　断面の性質

断面の性質の基本的な解き方の手順は、次のようになる。

《断面の性質の解き方の手順》
(1) 断面二次モーメント・断面係数とあれば

$$I_X = \frac{bh^3}{12}$$

$$Z_X = \frac{I_x}{y} = \frac{bh^2}{6}$$

(2) 式を書き込む
(3) 計算する

(1) 断面二次モーメント・断面係数とあれば

問題文の中に、「断面二次モーメント」、「断面係数」の用語があれば、上記の解き方の手順の式をそのまま使って解ける場合が多い。ただし、6-4のように、「曲げ強さ」といった表現で出題される場合もあるので、各式の意味もおさえておきたい。

まず、断面二次モーメント I は、「変形のしにくさ」を表しており、値が大きいほど変形しにくい。I については、これまでに、たわみや座屈などの式にでてきた。ある部材の I の値が大きくて、変形しにくいという場合、たわみの式においては、I が分母にあるので、たわみにくいことを示し、また、座屈荷重の式では、分子に使われているので、座屈荷重の値が大きくなり、座屈しにくいことを表す。

次に、断面係数 Z は、「曲げ強さ」を表している。ある部材の Z が大きいということは、曲げに強い部材であることを意味する。曲げ強さは Z に比例する。

(2) 式を書き込む

断面二次モーメントや断面係数の問題ということがわかれば、問題用紙の適当な場所に、式を書き出しておく。ただし、解き方の手順に示した断面二次モーメントの式は、X（図心）軸に関するものであり、図心軸以外の I を求める場合には、このまま使えない。そして、矩形断面に用いられる式であるから、円形や三角形の断面にも用いられないことに注意する。なお、次の円形断面の断面二次モーメントの式については、過去に出題されているので、必ず覚えておきたい。

$$I_X = \frac{\pi d^4}{64}$$

d：直径

(3) 計算する

　図のような中空断面の断面二次モーメントを求めるときは、図形を単純な矩形に分割して考える。6-1 では、断面を 3 分割して、それぞれ別個に式を適用し、それらを合計して I を求め、6-2、6-3 では、差し引くことで正解を求めている。しかし、断面二次モーメントと違って、断面係数を求める場合は、こうした方法が使えないことに注意する。

〔中空断面の部材で Z が求められない計算例〕

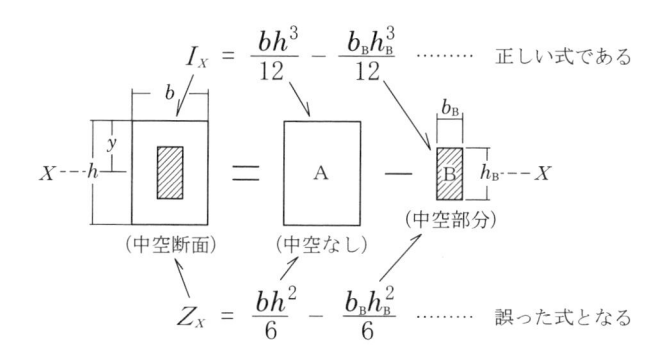

$$I_X = \frac{bh^3}{12} - \frac{b_B h_B^3}{12} \quad \cdots\cdots\cdots \text{正しい式である}$$

$$Z_X = \frac{bh^2}{6} - \frac{b_B h_B^2}{6} \quad \cdots\cdots\cdots \text{誤った式となる}$$

(中空断面)　(中空なし)　(中空部分)

　ここで、Z_X を求めるときは、まず、中空断面の断面二次モーメント I_X を求めてから、次式に代入し、算定する。

$$Z_X = \frac{I_X}{y} = \frac{I_X}{\frac{h}{2}}$$

　6-4 は、問題文の中に、「曲げ強さ」の文字しか入っていないが、曲げ強さが断面係数に比例することを知っていれば、解き方の手順がそのまま使える。

6章 断面の性質

わかる 6-1

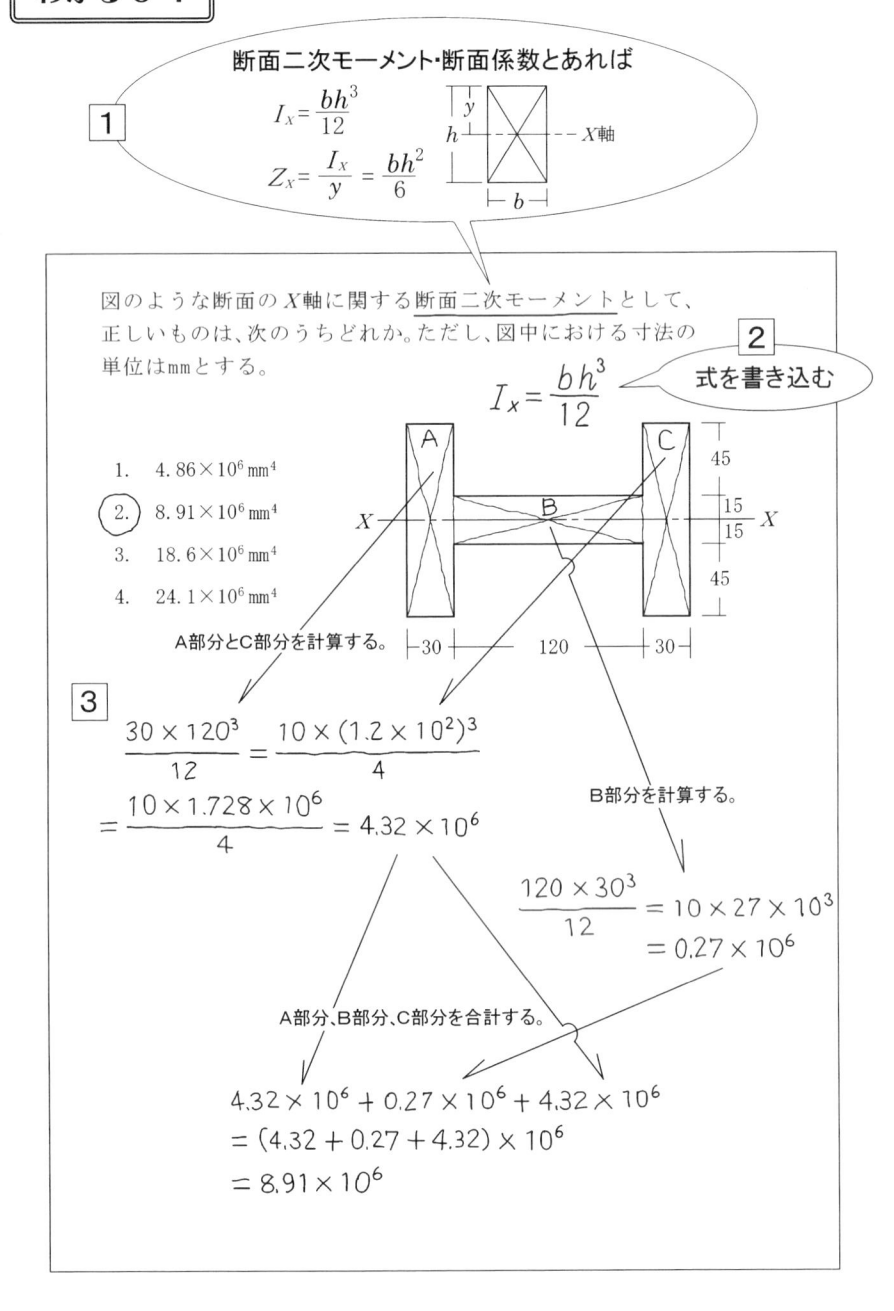

1 断面二次モーメント・断面係数とあれば

$$I_x = \frac{bh^3}{12}$$

$$Z_x = \frac{I_x}{y} = \frac{bh^2}{6}$$

図のような断面の X 軸に関する断面二次モーメントとして、正しいものは、次のうちどれか。ただし、図中における寸法の単位はmmとする。

2 式を書き込む

$$I_x = \frac{bh^3}{12}$$

1. $4.86 \times 10^6 \, \text{mm}^4$
2. $8.91 \times 10^6 \, \text{mm}^4$ ◯
3. $18.6 \times 10^6 \, \text{mm}^4$
4. $24.1 \times 10^6 \, \text{mm}^4$

A部分とC部分を計算する。

3

$$\frac{30 \times 120^3}{12} = \frac{10 \times (1.2 \times 10^2)^3}{4}$$

$$= \frac{10 \times 1.728 \times 10^6}{4} = 4.32 \times 10^6$$

B部分を計算する。

$$\frac{120 \times 30^3}{12} = 10 \times 27 \times 10^3 = 0.27 \times 10^6$$

A部分、B部分、C部分を合計する。

$$4.32 \times 10^6 + 0.27 \times 10^6 + 4.32 \times 10^6$$
$$= (4.32 + 0.27 + 4.32) \times 10^6$$
$$= 8.91 \times 10^6$$

できる 6-1

図のような断面のX軸に関する断面二次モーメントとして、正しいものは、次のうちどれか。ただし、図中における寸法の単位はmmとする。

1. 7.765×10^6 mm^4
2. 8.545×10^6 mm^4
3. 8.865×10^6 mm^4
4. 8.910×10^6 mm^4

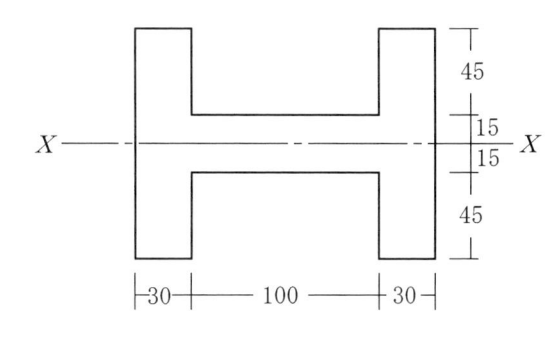

【正解：3】

6章 断面の性質

わかる 6-2

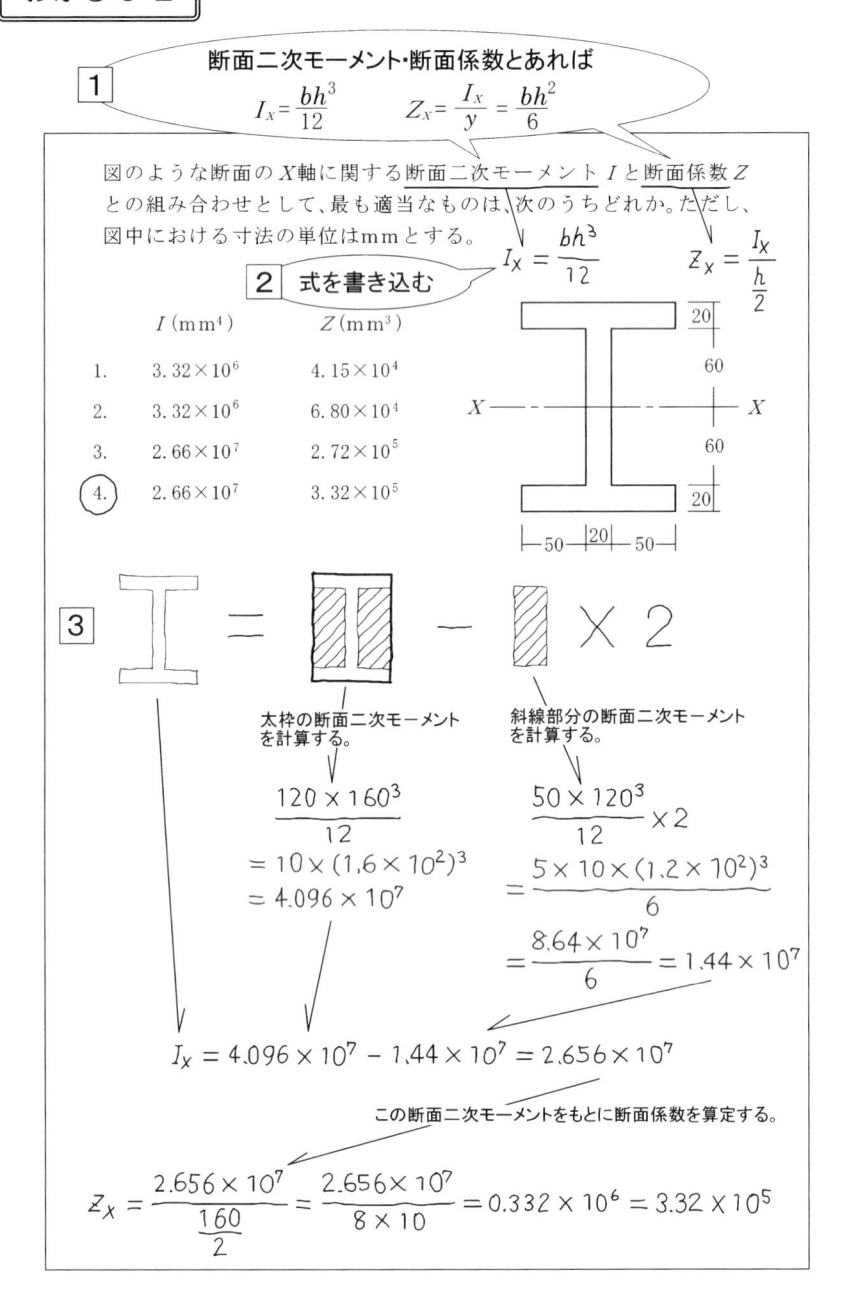

①　**断面二次モーメント・断面係数とあれば**
$$I_x = \frac{bh^3}{12} \qquad Z_x = \frac{I_x}{y} = \frac{bh^2}{6}$$

図のような断面のX軸に関する断面二次モーメントIと断面係数Zとの組み合わせとして、最も適当なものは、次のうちどれか。ただし、図中における寸法の単位はmmとする。

②　**式を書き込む**
$$I_x = \frac{bh^3}{12} \qquad Z_x = \frac{I_x}{\frac{h}{2}}$$

	$I\,(\mathrm{mm}^4)$	$Z\,(\mathrm{mm}^3)$
1.	3.32×10^6	4.15×10^4
2.	3.32×10^6	6.80×10^4
3.	2.66×10^7	2.72×10^5
④	2.66×10^7	3.32×10^5

③

太枠の断面二次モーメントを計算する。
$$\frac{120 \times 160^3}{12} = 10 \times (1.6 \times 10^2)^3 = 4.096 \times 10^7$$

斜線部分の断面二次モーメントを計算する。
$$\frac{50 \times 120^3}{12} \times 2 = \frac{5 \times 10 \times (1.2 \times 10^2)^3}{6} = \frac{8.64 \times 10^7}{6} = 1.44 \times 10^7$$

$$I_x = 4.096 \times 10^7 - 1.44 \times 10^7 = 2.656 \times 10^7$$

この断面二次モーメントをもとに断面係数を算定する。

$$Z_x = \frac{2.656 \times 10^7}{\frac{160}{2}} = \frac{2.656 \times 10^7}{8 \times 10} = 0.332 \times 10^6 = 3.32 \times 10^5$$

できる 6-2

図のようなH形断面の X 軸に関する断面係数 Z として、正しいものは、次のうちどれか。

1. $\dfrac{68}{3} a^3$
2. $\dfrac{88}{3} a^3$
3. $\dfrac{106}{3} a^3$
4. $\dfrac{160}{3} a^3$

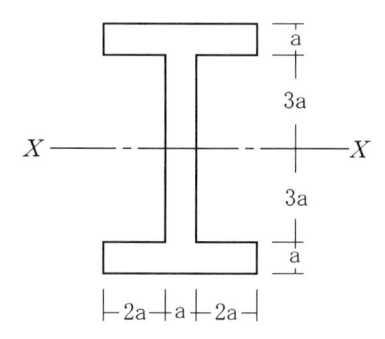

【正解：3】

6章 断面の性質

わかる 6-3

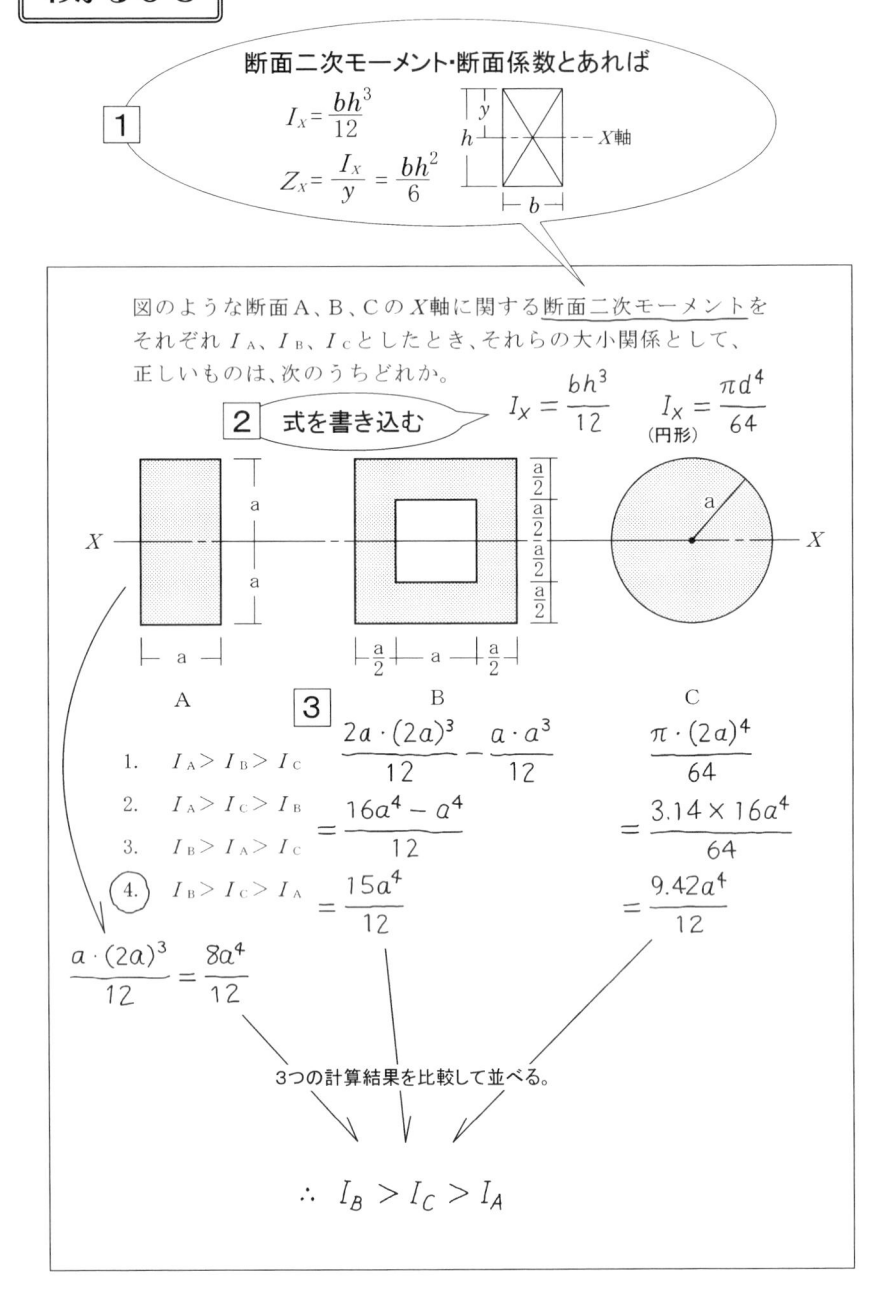

1. 断面二次モーメント・断面係数とあれば

$$I_X = \frac{bh^3}{12}$$

$$Z_X = \frac{I_x}{y} = \frac{bh^2}{6}$$

図のような断面A、B、CのX軸に関する断面二次モーメントをそれぞれ I_A、I_B、I_C としたとき、それらの大小関係として、正しいものは、次のうちどれか。

2. 式を書き込む

$$I_X = \frac{bh^3}{12} \qquad I_X = \frac{\pi d^4}{64} \text{（円形）}$$

A　　　B　　　C

3.

1. $I_A > I_B > I_C$
2. $I_A > I_C > I_B$
3. $I_B > I_A > I_C$
4. ○ $I_B > I_C > I_A$

A: $\dfrac{a \cdot (2a)^3}{12} = \dfrac{8a^4}{12}$

B: $\dfrac{2a \cdot (2a)^3}{12} - \dfrac{a \cdot a^3}{12} = \dfrac{16a^4 - a^4}{12} = \dfrac{15a^4}{12}$

C: $\dfrac{\pi \cdot (2a)^4}{64} = \dfrac{3.14 \times 16a^4}{64} = \dfrac{9.42a^4}{12}$

3つの計算結果を比較して並べる。

$$\therefore \ I_B > I_C > I_A$$

できる6-3

図のような断面A、B、CのX軸に関する断面二次モーメントをそれぞれ I_A、I_B、I_C としたとき、それらの大小関係として、正しいものは、次のうちどれか。

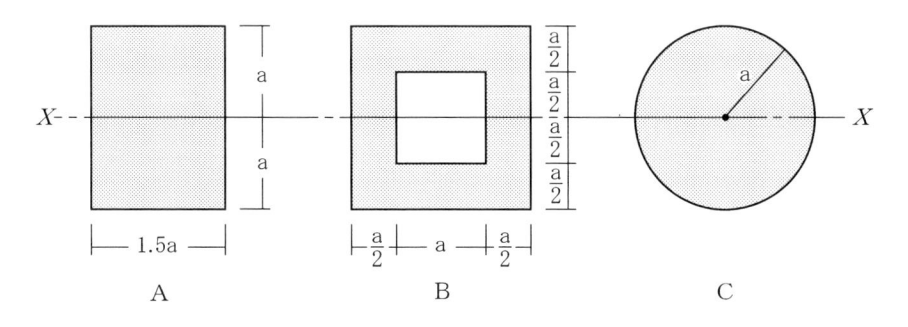

A: 幅 $1.5a$、高さ $2a$（上下それぞれ a）の長方形

B: 一辺 $2a$ の正方形から中央の一辺 a の正方形を除いた断面

C: 半径 a の円

1. $I_A > I_B > I_C$
2. $I_A > I_C > I_B$
3. $I_B > I_A > I_C$
4. $I_B > I_C > I_A$

【正解：3】

6章 断面の性質

わかる 6-4

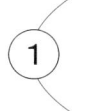

① 曲げ強さは断面係数に比例する

$$I_X = \frac{bh^3}{12}$$

$$Z_X = \frac{I_X}{y} = \frac{bh^2}{6}$$

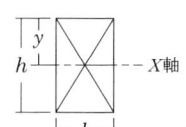

手順がそのまま使えない応用問題

図のような断面をもつ製材（木材）の梁A、B、CのX軸まわりの曲げ強さの大小関係として、正しいものは、次のうちどれか。ただし、すべての梁の材質、支持条件及びスパンは同一とし、梁B及び梁Cを構成する部材は、それぞれ相互に接合されていないものとする。

② 式を書き込む　$Z_X = \dfrac{bh^2}{6}$

1. A＝B＝C
2. A＝B＞C   ←○
3. A＞B＝C
4. A＝C＞B

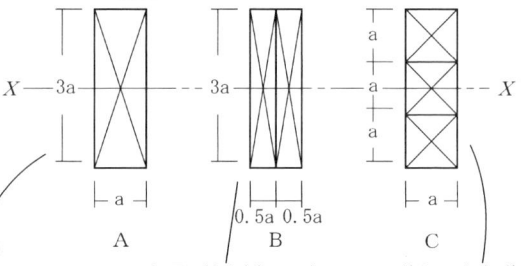

③

$$\frac{a \cdot (3a)^2}{6} = \frac{9a^3}{6}$$

A: 幅 a、高さ 3a

B: 0.5a＋0.5a、高さ 3a

C: 幅 a、高さ a を3段（a／a／a）

相互に接合されていないので、一体として扱わず、それぞれ単体としてのZを算定し、それらを合計する。

$$\frac{0.5a \cdot (3a)^2}{6} \times 2 = \frac{9a^3}{6}$$

$$\frac{a \cdot a^2}{6} \times 3 = \frac{3a^3}{6}$$

Zの数値の大きなものが曲げ強さの値も大きくなる。

$$\therefore\ A = B > C$$

できる 6-4

図のような断面をもつ製材（木材）の梁A、B、CのX軸まわりの曲げ強さの大小関係として、正しいものは、次のうちどれか。ただし、すべての梁の材質、支持条件及びスパンは同一とし、梁を構成する部材は、それぞれ相互に接合されていないものとする。

1. A＞B＞C
2. A＞C＞B
3. B＞A＞C
4. C＞A＞B

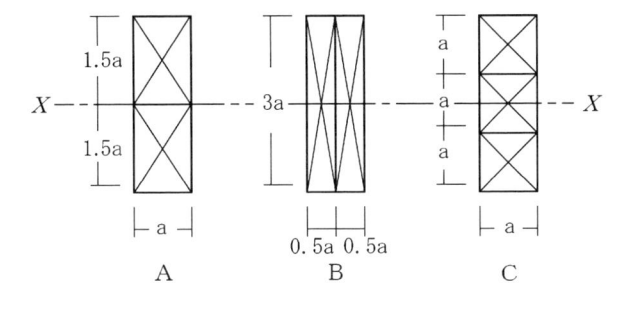

【正解：3】

6章　断面の性質

【指数の計算】

　学科の試験においては電卓が使えないので、大きな数値を扱うときには、$a \times 10^n$の形にして計算するとよい。a^nの表し方は累乗とよばれ、nのことを10の累乗の指数という。

　例えば、わかる6-1の問題図のA部分とC部分の断面二次モーメントは、次式で計算される。下が指数を使った場合である。

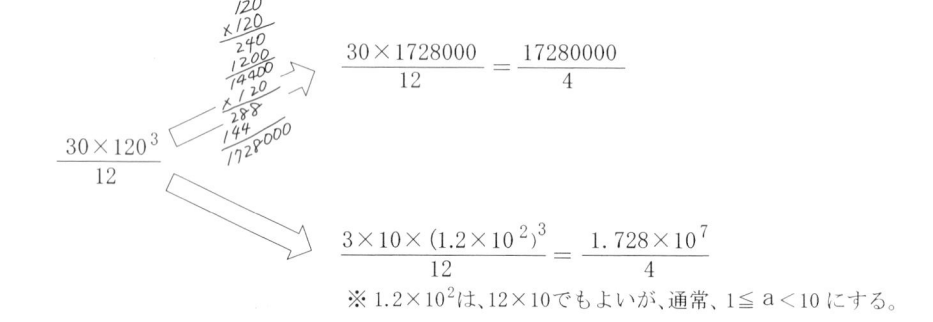

$$\frac{30 \times 120^3}{12}$$

$$\frac{30 \times 1728000}{12} = \frac{17280000}{4}$$

$$\frac{3 \times 10 \times (1.2 \times 10^2)^3}{12} = \frac{1.728 \times 10^7}{4}$$

※ 1.2×10^2は、12×10でもよいが、通常、$1 \leqq a < 10$にする。

　指数を使わないで筆算を行うと、いつも0の個数を数えることになり、手間がかかるうえに、間違えやすい。6-1では、この後もB部分の算定や全体の合計などが続くことを考えると、指数で表した計算のほうが有利になる。
　指数を使った乗算や除算法をまとめると次のとおり。

① $a^2 a^3 = a^{2+3} = a^5$　　例：$10^2 \times 10^3 = 10^5$

② $(a^2)^3 = a^{2 \times 3} = a^6$　　例：$(10^2)^3 = 10^6$

③ $(ab)^3 = a^3 b^3$　　例：$(1.2 \times 10^2)^3 = 1.728 \times 10^6$

④ $a^2 \div a^5 = a^{2-5} = a^{-3}$　　例：$10^2 \div 10^5 = 10^{-3} = \dfrac{1}{1000}$

7章　全塑性モーメント

全塑性モーメントに関する問題は、2年に一度は出題されている。正解を得るには、設問の図がポイントとなるので、解き方の手順の中にも、イラストを入れた。

7章　全塑性モーメント

全塑性モーメントの基本的な解き方の手順は、次のようになる。

《全塑性モーメントの解き方の手順》

(1) ▦と全塑性があれば $M_P = T \cdot j = C \cdot j$
(2) 式を書き込む
(3) M_P を求める
(4) 題意に沿って計算する

(1) ▦と全塑性があれば $M_P = T \cdot j = C \cdot j$

はじめのイラストは、応力度分布図とよばれる。図のような長方形断面のはりに荷重 P が作用すると、部材内部に曲げモーメント M が生じる。吹き出し図は、荷重によって断面に生じる応力を立体的に描いており、これを側面からみた形が応力度分布図となる。中立面は、部材の長手方向に伸縮がない面を示しており、中立軸は、その中立面とはりの断面の交線をいう。

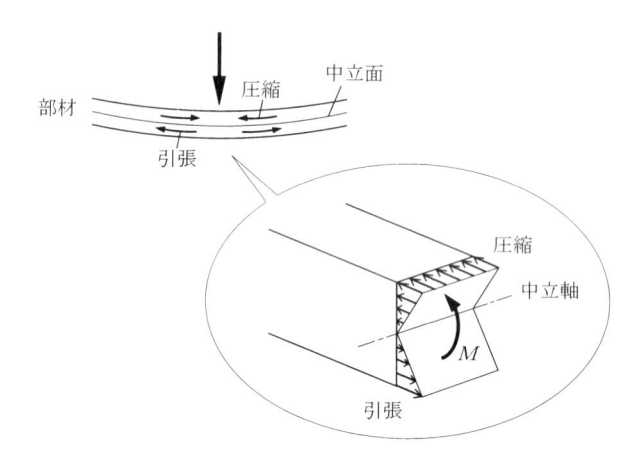

応力度分布図は、荷重によって曲げモーメントが増大すると、次の図の①から⑥へと変化する。この⑥の図が解き方の手順 (1) のイラストである。

※ σ：ギリシャ文字（小文字）でシグマ

【（垂直）応力度分布図】

縁応力度（ふちおうりょくど）σ_b とあるのは最大曲げ応力度ともいい、中立軸から最も遠い点において最大となる応力度で、次式で表される。この場合の曲げモーメント M は最大曲げモーメントになる。

$$\sigma_b = \frac{M}{Z} \qquad Z：断面係数$$

この縁応力度は、$\sigma_b < \sigma_y$（降伏応力度）のとき、曲げモーメントの増加に合わせて増大する（①から②）。しかし、③の $\sigma_b = \sigma_y$ のとき、縁応力度が降伏応力度に達すると、曲げモーメントを増加させても、縁応力度の大きさは一定となる。さらに曲げモーメントを増加させると、この降伏の現象は、断面の縁から次第に中立軸へと向かって進行する（④から⑤）。そして、⑥の全断面が降伏して塑性状態となる。このときの曲げモーメントが**全塑性モーメント（M_p）**とよばれる。これ以降は、荷重を増やしても曲げモーメントは増大せず、全塑性モーメントの大きさのまま、変形（回転）だけが進行して塑性ヒンジを形成する。

なお、7-2は、応力度分布図⑥の全塑性状態の問題であるが、章末の［用語の意味］の例題（120頁）は、7-2に似ているものの応力度分布図の①～③の問題なので、その解き方の手順はまったく異なる。問題に取り組むときは、応力度分布図をよく確認すること。

（2）式を書き込む

全塑性モーメント M_P を求める式を問題用紙に書き込んでから、解答にあたる。

$$M_p = T \cdot j = C \cdot j$$

式中の T、C、j の意味については、次で説明する。

(3) M_P を求める

(1) で書き出した M_p の式は、次の手順で計算する。

イ．T または C を求める

⑥の状態を立体としてイメージ化すれば、つぎのように描かれる。

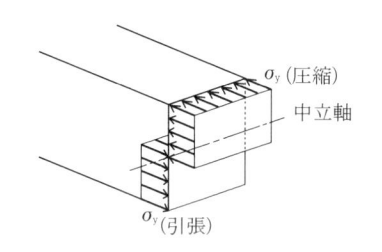

よって、引張合力 T と圧縮合力 C は、いずれもブロックで示されるので、それらの大きさは、直方体の体積を求める要領（縦×横×高さ）で求められる。ここで、T と C は等しくなるので、引張側の T のブロックを算定すると次のとおり。

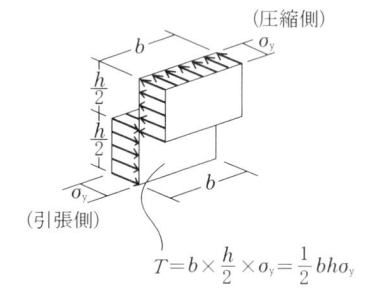

$$T = b \times \frac{h}{2} \times \sigma_y = \frac{1}{2}bh\sigma_y$$

ロ．j を求める

図から、全塑性モーメント M_p は、圧縮側ブロック（圧縮合力）と引張側ブロック（引張合力）によって生じることがわかる。それぞれの合力は重心（図心）に作用しており、j は、二つの合力の中心間距離であるから、次のように圧縮側と引張側の図心を読み取り、その値が求められる。

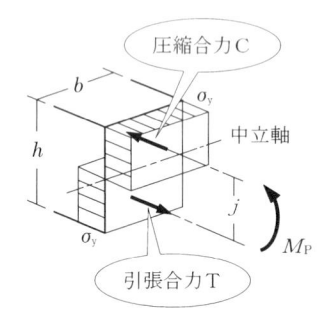

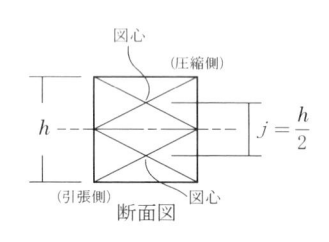

$$j = \frac{h}{2}$$

ハ．(1)で書き出した式に、イとロで求めた値を当てはめると、M_pが求められる。

$$M_p = T \cdot j = \frac{1}{2}bh\sigma_y \times \frac{h}{2} = \frac{bh^2\sigma_y}{4}$$

(4) 題意に沿って計算する

試験問題は、単に、M_pの値だけを求める設問は少なく、弱軸と強軸まわりのM_pの比を求めるものやM_pの値をもとに、断面材に作用する水平荷重や鉛直荷重を求めるといった出題がみられる。したがって、題意にしたがい計算を進めると同時に、選択肢の値を確認して、何が求められているかを意識しながら問題に取り組む必要がある。

〈中立軸の判定〉

等質で、図1のような断面をもつ部材に、図2のように断面力として曲げモーメントMのみが作用しているとき、この断面の中立軸の位置を考える。なお、降伏開始曲げモーメントをM_y、全塑性モーメントをM_pとする。

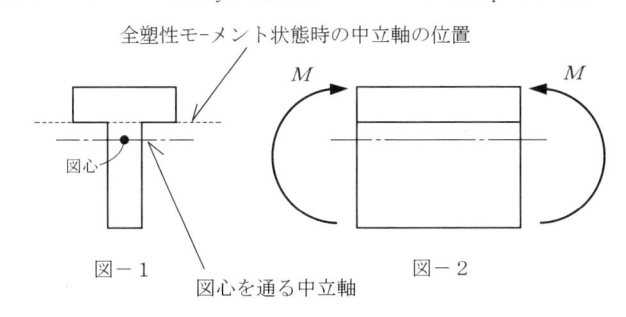

〔$M \leq M_y$の場合〕

弾性範囲内での中立軸は、図心を通る。なお、ここで正確な図心位置を求めるには、断面一次モーメントを使う。

〔$M = M_p$の場合〕

全塑性モーメント状態の中立軸は、断面積を2等分する位置となる。

7章　全塑性モーメント

【断面一次モーメントの計算】

　図A、Bのような基本的な形状の断面の図心(重心)は、すぐにみつけられるが、CのT型断面は、それほど簡単ではない。

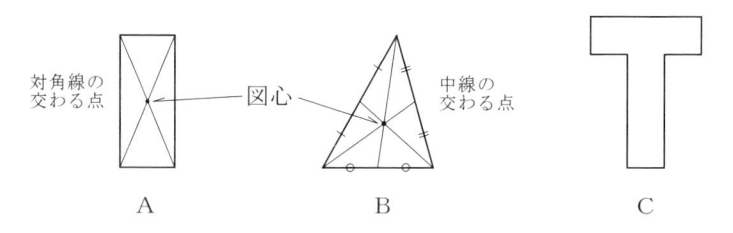

```
対角線の          図心           中線の
交わる点                        交わる点

    A              B              C
```

　そこで、複雑な形状の断面の図心を求める場合には、断面一次モーメントが用いられる。図のような断面のX軸に関する断面一次モーメントS_Xであれば、次式で表される。

$$S_X = A \cdot y$$

　A：断面積
　y：X軸から図心までの距離

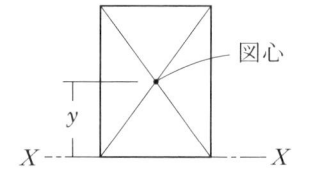

　よって、図心を求める場合、上の式を次のように変形することで、X軸から図心までの距離yが表される。

$$y = \frac{S_X}{A} \quad \cdots\cdots\cdots \quad (1)$$

　実際に、次のT型断面のX軸から図心までの距離を求めてみよう。

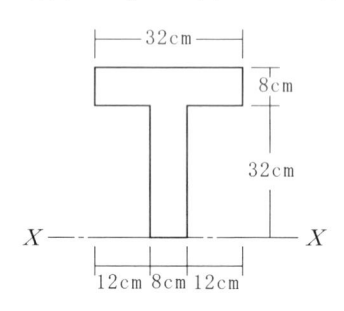

① 簡単に図心が求められる断面となるように、T型断面をAとBの二つの矩形に分割して、各X軸から図心までの距離y_Aとy_Bを求める。

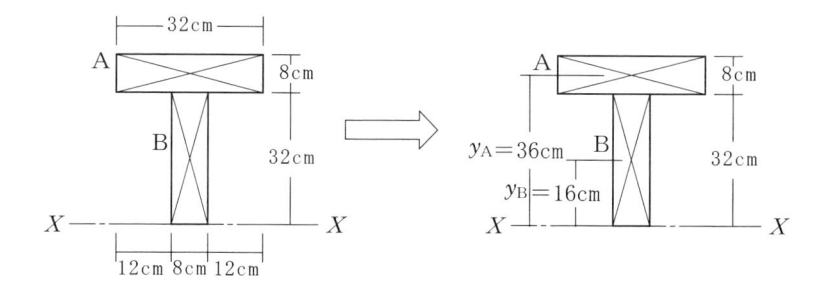

② 分割した二つの断面A、Bの各断面一次モーメントを求める。

$$S_{XA} = \underbrace{32\text{cm} \times 8\text{cm}}_{\text{Aの断面積}} \times \underbrace{36\text{cm}}_{y_A} = 256\text{cm}^2 \times 36\text{cm}$$

$$S_{XB} = \underbrace{8\text{cm} \times 32\text{cm}}_{\text{Bの断面積}} \times \underbrace{16\text{cm}}_{y_B} = 256\text{cm}^2 \times 16\text{cm}$$

③ (1)式に②で求めた各値を代入すると、T型断面の図心が求められる。

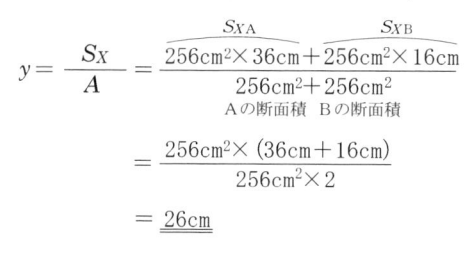

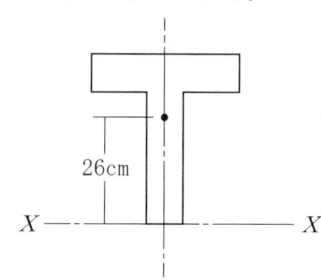

$$y = \frac{S_X}{A} = \frac{\overbrace{256\text{cm}^2 \times 36\text{cm}}^{S_{XA}} + \overbrace{256\text{cm}^2 \times 16\text{cm}}^{S_{XB}}}{\underbrace{256\text{cm}^2}_{\text{Aの断面積}} + \underbrace{256\text{cm}^2}_{\text{Bの断面積}}}$$

$$= \frac{256\text{cm}^2 \times (36\text{cm} + 16\text{cm})}{256\text{cm}^2 \times 2}$$

$$= \underline{26\text{cm}}$$

7章 全塑性モーメント

わかる 7-1

1 ┃ と全塑性があれば $M_P = T \cdot j = C \cdot j$

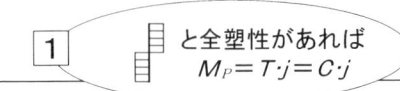

図のような断面において、X軸まわりの全塑性モーメントをM_{PX}、Y軸まわりの全塑性モーメントをM_{PY}としたとき、全塑性モーメントM_{PX}とM_{PY}との比として、正しいものは、次のうちどれか。ただし、断面に作用する軸力は0とする。

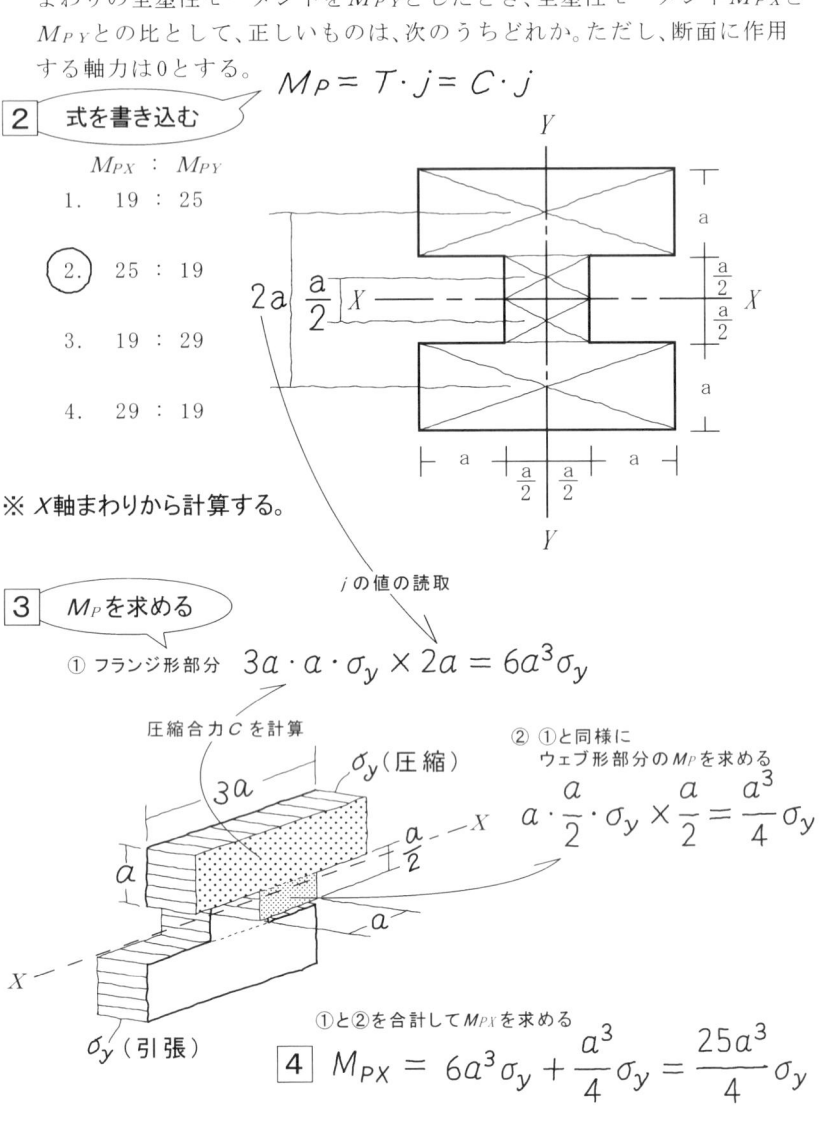

$M_P = T \cdot j = C \cdot j$

2 式を書き込む

M_{PX} : M_{PY}
1. 19 : 25
2. (25 : 19)
3. 19 : 29
4. 29 : 19

※ X軸まわりから計算する。

jの値の読取

3 M_Pを求める

① フランジ形部分 $3a \cdot a \cdot \sigma_y \times 2a = 6a^3 \sigma_y$

圧縮合力Cを計算

② ①と同様にウェブ形部分のM_Pを求める

$a \cdot \dfrac{a}{2} \cdot \sigma_y \times \dfrac{a}{2} = \dfrac{a^3}{4} \sigma_y$

σ_y(引張)

①と②を合計してM_{PX}を求める

4 $M_{PX} = 6a^3 \sigma_y + \dfrac{a^3}{4} \sigma_y = \dfrac{25a^3}{4} \sigma_y$

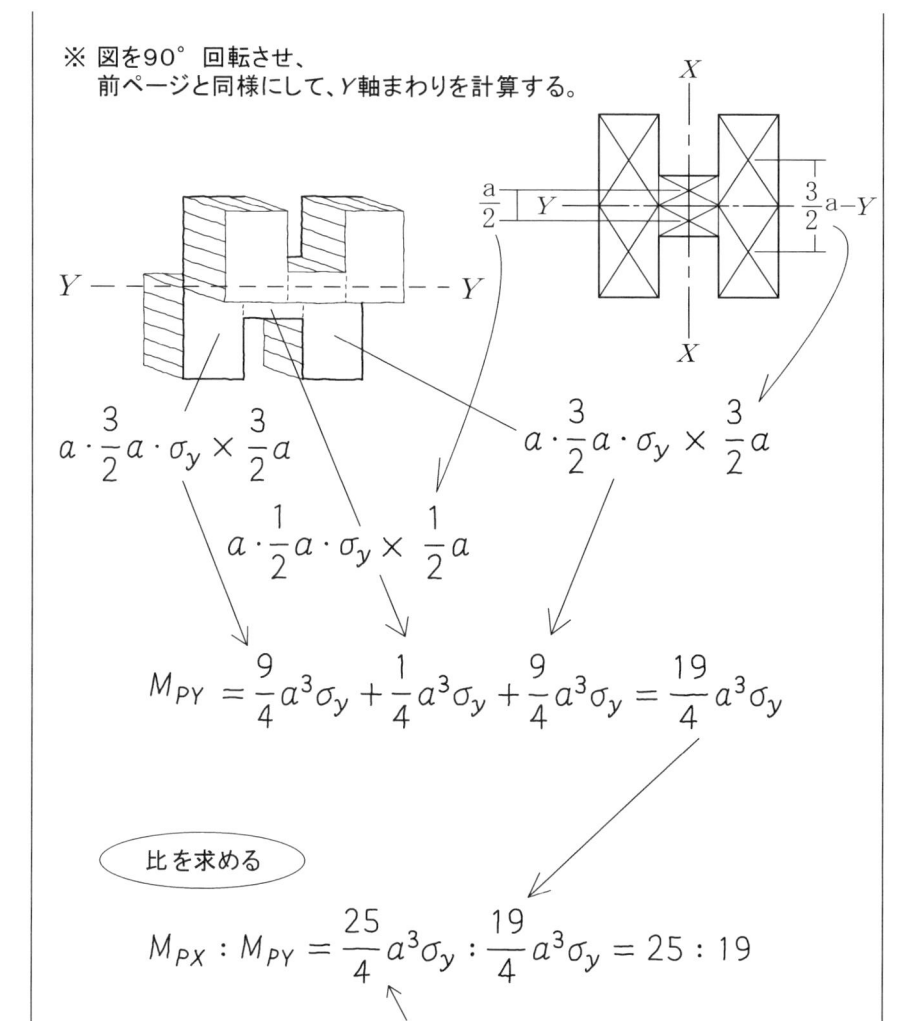

※ 図を90°回転させ、前ページと同様にして、Y軸まわりを計算する。

$$a \cdot \frac{3}{2}a \cdot \sigma_y \times \frac{3}{2}a$$

$$a \cdot \frac{1}{2}a \cdot \sigma_y \times \frac{1}{2}a$$

$$a \cdot \frac{3}{2}a \cdot \sigma_y \times \frac{3}{2}a$$

$$M_{PY} = \frac{9}{4}a^3\sigma_y + \frac{1}{4}a^3\sigma_y + \frac{9}{4}a^3\sigma_y = \frac{19}{4}a^3\sigma_y$$

比を求める

$$M_{PX} : M_{PY} = \frac{25}{4}a^3\sigma_y : \frac{19}{4}a^3\sigma_y = 25 : 19$$

前ページで算定済み

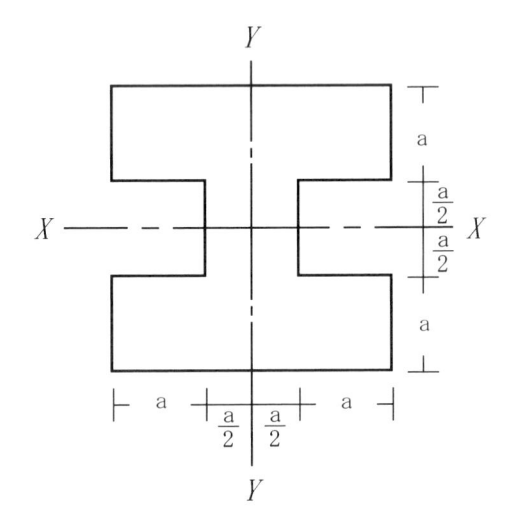

7章　全塑性モーメント

できる 7-1

「解かる7-1」の計算過程が長いため、ここは手順の確認用として同一問題とした。

図のような断面において、X軸まわりの全塑性モーメントをM_{PX}、Y軸まわりの全塑性モーメントをM_{PY}としたとき、全塑性モーメントM_{PX}とM_{PY}との比として、正しいものは、次のうちどれか。ただし、断面に作用する軸力は0とする。

M_{PX} : M_{PY}
1. 19 : 29
2. 29 : 19
3. 19 : 25
4. 25 : 19

【正解：4】

7章 全塑性モーメント

わかる 7-2

[1] と全塑性があれば
$M_P = T \cdot j = C \cdot j$

図-1のような底部で固定された矩形断面材の頂部の図心G点に鉛直荷重P及び水平荷重Qが作用している。底部a-a断面における垂直応力度分布が図-2のような全塑性状態に達している場合のPとQとの組合せとして、正しいものは、次のうちどれか。ただし、矩形断面材は、等質等断面とし、降伏応力度はσ_yとする。

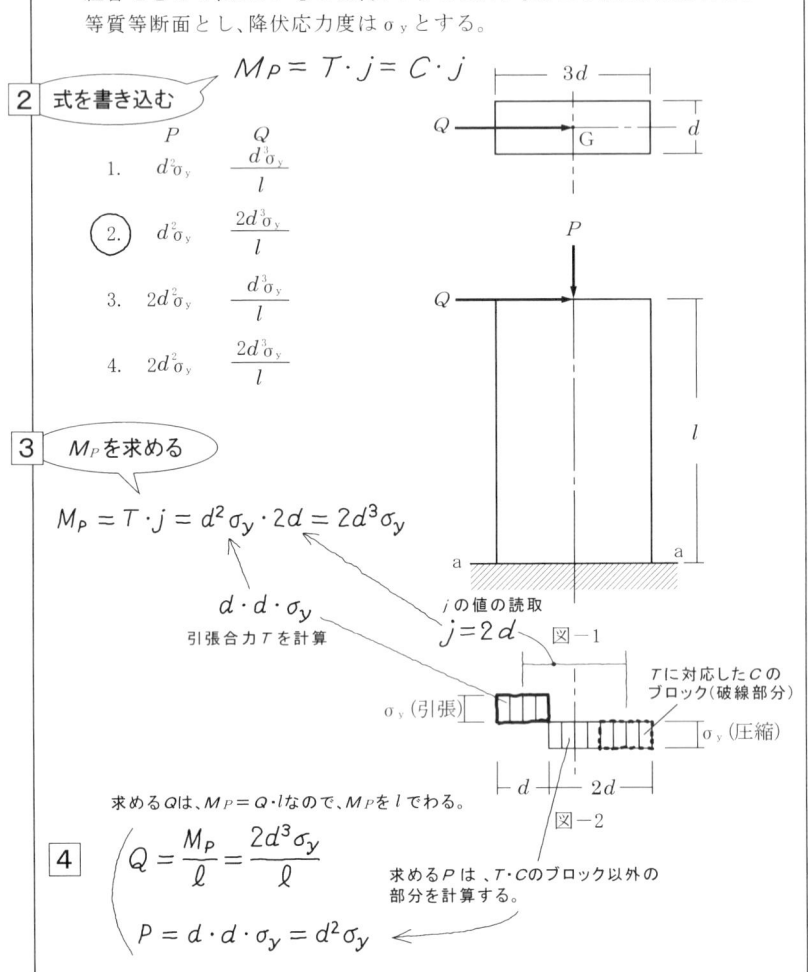

$$M_P = T \cdot j = C \cdot j$$

[2] 式を書き込む

	P	Q
1.	$d^2\sigma_y$	$\dfrac{d^3\sigma_y}{l}$
②.	$d^2\sigma_y$	$\dfrac{2d^3\sigma_y}{l}$
3.	$2d^2\sigma_y$	$\dfrac{d^3\sigma_y}{l}$
4.	$2d^2\sigma_y$	$\dfrac{2d^3\sigma_y}{l}$

図-1:頂部に3d×dの矩形断面、図心G、水平荷重Q、鉛直荷重P、高さl、底部a-a断面で固定。

[3] M_Pを求める

$$M_P = T \cdot j = d^2 \sigma_y \cdot 2d = 2d^3 \sigma_y$$

$d \cdot d \cdot \sigma_y$ ← 引張合力Tを計算

jの値の読取
$j = 2d$

図-2:σ_y(引張)部分(幅d)とσ_y(圧縮)部分(幅2d)、Tに対応したCのブロック(破線部分)

求めるQは、$M_P = Q \cdot l$なので、M_Pをlでわる。

[4]
$$Q = \dfrac{M_P}{\ell} = \dfrac{2d^3\sigma_y}{\ell}$$

$$P = d \cdot d \cdot \sigma_y = d^2\sigma_y$$

求めるPは、T・Cのブロック以外の部分を計算する。

※ここで、章末の[用語の意味]例題の解き方(120頁)も確認すること。

できる 7-2

図−1のような底部で固定された矩形断面材の頂部の図心G点に鉛直荷重P及び水平荷重2Qが作用している。底部a−a断面における垂直応力度分布が図−2のような全塑性状態に達している場合のPとQとの組合せとして、正しいものは、次のうちどれか。ただし、矩形断面材は、等質等断面とし、降伏応力度はσ_yとする。

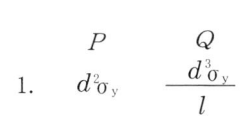

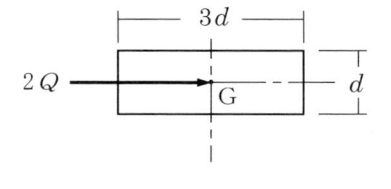

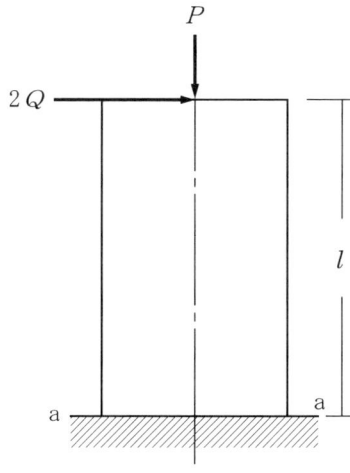

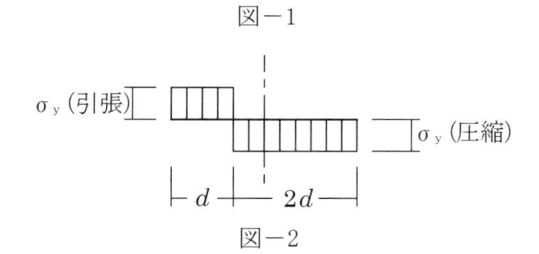

	P	Q
1.	$d^2\sigma_y$	$\dfrac{d^3\sigma_y}{l}$
2.	$d^2\sigma_y$	$\dfrac{2d^3\sigma_y}{l}$
3.	$2d^2\sigma_y$	$\dfrac{d^3\sigma_y}{l}$
4.	$2d^2\sigma_y$	$\dfrac{2d^3\sigma_y}{l}$

図−1

図−2

【正解：1】

7章 全塑性モーメント

わかる 7-3

1 と全塑性があれば
$M_P = T \cdot j = C \cdot j$

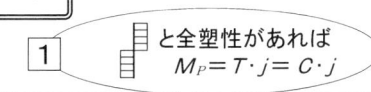

図のような底部で固定されたH形断面材の頂部の図心G点に鉛直荷重P及び水平荷重Qが作用している。底部a−a断面における垂直応力度分布図が図−2のような全塑性状態に達している場合のPとQとの組合せとして正しいものは、次のうちどれか。ただし、H型断面材は等質等断面とし、降伏応力度をσ_yとする。

$M_P = T \cdot j = C \cdot j$

2 式を書き込む

	P	Q
①.	$2d^2\sigma_y$	$\dfrac{12d^3\sigma_y}{l}$
2.	$2d^2\sigma_y$	$\dfrac{16d^3\sigma_y}{l}$
3.	$8d^2\sigma_y$	$\dfrac{12d^3\sigma_y}{l}$
4.	$8d^2\sigma_y$	$\dfrac{16d^3\sigma_y}{l}$

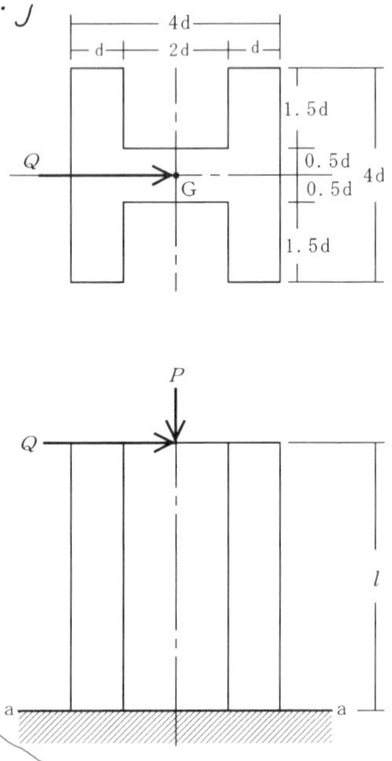

3 M_Pを求める

$$M_P = T \cdot j = 4d^2\sigma_y \cdot 3d = 12d^3\sigma_y$$

↑
$d \cdot 4d \cdot \sigma_y$ — 引張合力Tを計算
jの値の読取

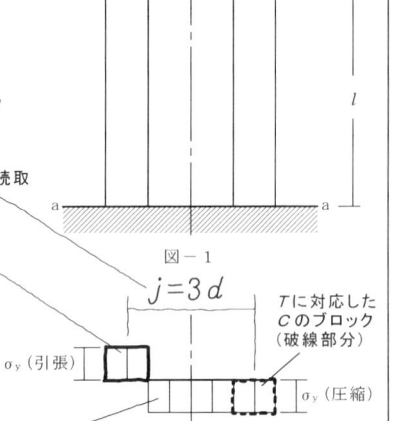

$j = 3d$

σ_y(引張) σ_y(圧縮)

Tに対応したCのブロック(破線部分)

図−1
図−2

求めるQは、$M_P = Q \cdot l$なので、M_Pをlでわる。

4
$$Q = \dfrac{M_P}{l} = \dfrac{12d^3\sigma_y}{l}$$

$$P = d \cdot 2d \cdot \sigma_y = 2d^2\sigma_y$$

求めるPは、T・Cのブロック以外の部分を計算する。

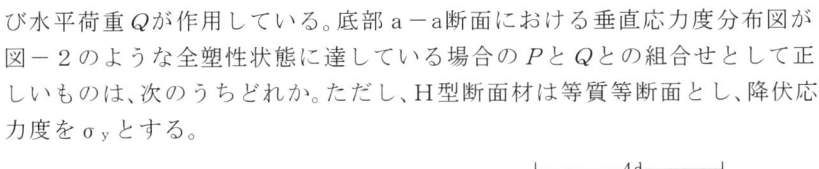

できる 7-3

図のような底部で固定されたH形断面材の頂部の図心G点に鉛直荷重2P及び水平荷重Qが作用している。底部a−a断面における垂直応力度分布図が図−2のような全塑性状態に達している場合のPとQとの組合せとして正しいものは、次のうちどれか。ただし、H型断面材は等質等断面とし、降伏応力度をσ_yとする。

	P	Q
1.	$d^2\sigma_y$	$\dfrac{16d^3\sigma_y}{l}$
2.	$d^2\sigma_y$	$\dfrac{12d^3\sigma_y}{l}$
3.	$4d^2\sigma_y$	$\dfrac{16d^3\sigma_y}{l}$
4.	$4d^2\sigma_y$	$\dfrac{12d^3\sigma_y}{l}$

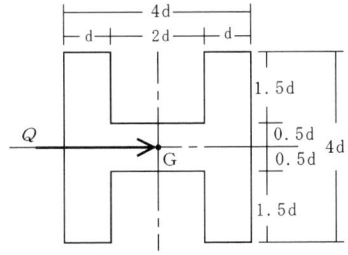

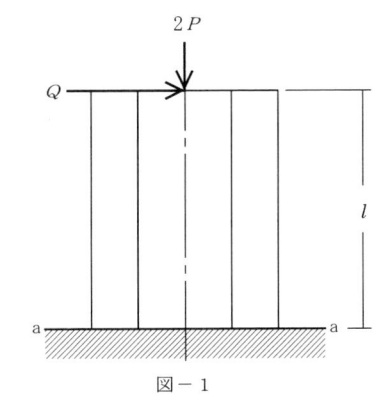

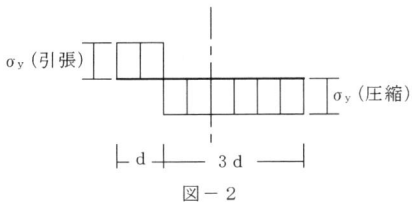

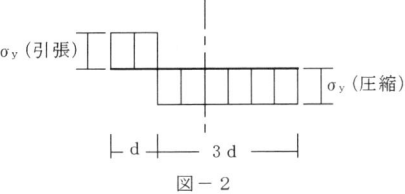

図−1

図−2

【正解：2】

7章　全塑性モーメント

わかる 7-4

①　▦ と全塑性があれば $M_P = T \cdot j = C \cdot j$

図－1のような断面で同一材質からなる梁A及びBに、一点鎖線を中立軸とする曲げモーメントのみが作用している。これらの断面の降伏開始曲げモーメントをM_y、全塑性モーメントをM_Pとするとき、断面内の応力度分布が図－2に示す状態である。梁A及びBにおけるM_PとM_yの比 $\alpha = \dfrac{M_P}{M_y}$ をそれぞれα_A、α_Bとするとき、その大小関係として、正しいものは、次のうちどれか。ただし、降伏応力度はσ_yとする。

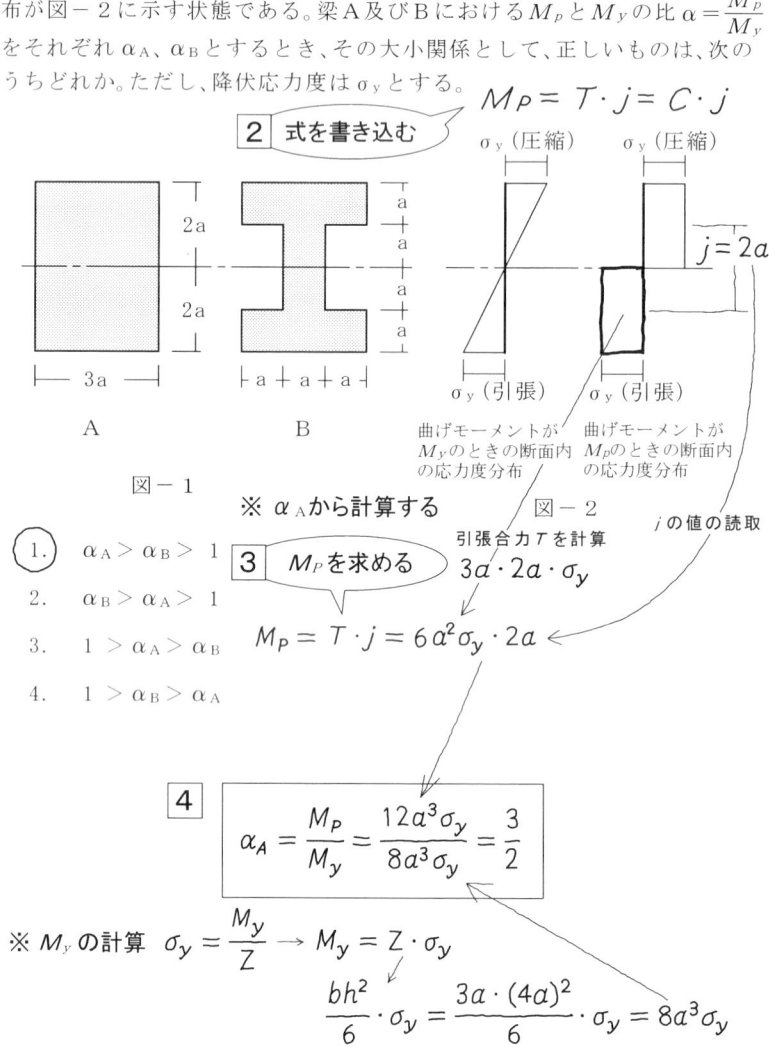

②　式を書き込む

$M_P = T \cdot j = C \cdot j$

A: 3a × 4a（2a+2a）の矩形断面
B: H形断面（a+a+a, a+a+a+a）

図－1

図－2：曲げモーメントがM_yのときの断面内の応力度分布／曲げモーメントがM_Pのときの断面内の応力度分布

$j = 2a$（jの値の読取）

※ α_Aから計算する

1. ○　$\alpha_A > \alpha_B > 1$
2. 　$\alpha_B > \alpha_A > 1$
3. 　$1 > \alpha_A > \alpha_B$
4. 　$1 > \alpha_B > \alpha_A$

③　M_Pを求める

引張合力Tを計算　$3a \cdot 2a \cdot \sigma_y$

$M_P = T \cdot j = 6a^2 \sigma_y \cdot 2a$

④
$$\alpha_A = \frac{M_P}{M_y} = \frac{12a^3 \sigma_y}{8a^3 \sigma_y} = \frac{3}{2}$$

※ M_yの計算　$\sigma_y = \dfrac{M_y}{Z} \rightarrow M_y = Z \cdot \sigma_y$

$$\frac{bh^2}{6} \cdot \sigma_y = \frac{3a \cdot (4a)^2}{6} \cdot \sigma_y = 8a^3 \sigma_y$$

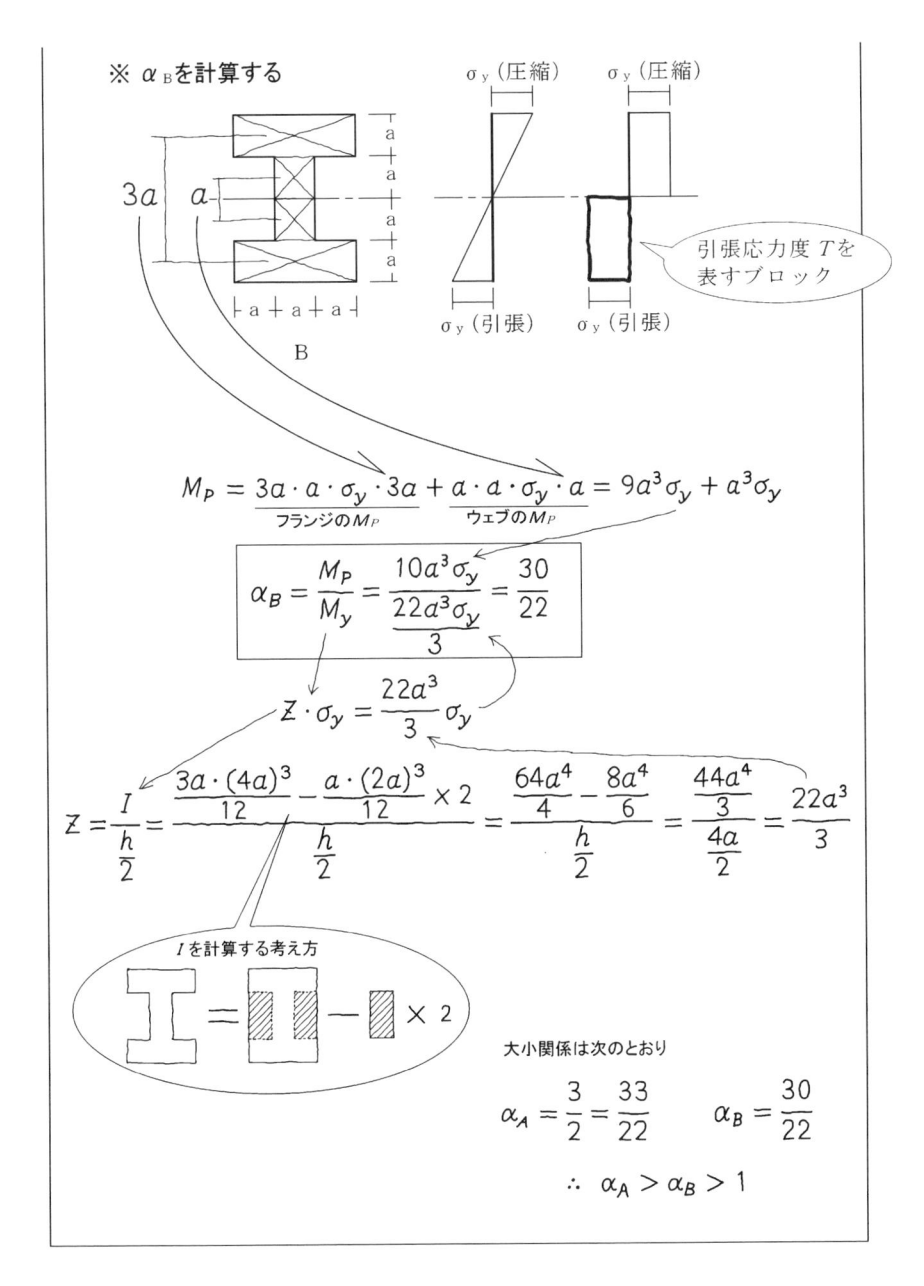

※ α_Bを計算する

引張応力度 T を表すブロック

B

$$M_P = \underbrace{3a \cdot a \cdot \sigma_y \cdot 3a}_{フランジのM_P} + \underbrace{a \cdot a \cdot \sigma_y \cdot a}_{ウェブのM_P} = 9a^3\sigma_y + a^3\sigma_y$$

$$\alpha_B = \frac{M_P}{M_y} = \frac{10a^3\sigma_y}{\dfrac{22a^3\sigma_y}{3}} = \frac{30}{22}$$

$$Z \cdot \sigma_y = \frac{22a^3}{3}\sigma_y$$

$$Z = \frac{I}{\dfrac{h}{2}} = \frac{\dfrac{3a \cdot (4a)^3}{12} - \dfrac{a \cdot (2a)^3}{12} \times 2}{\dfrac{h}{2}} = \frac{\dfrac{64a^4}{4} - \dfrac{8a^4}{6}}{\dfrac{h}{2}} = \frac{\dfrac{44a^4}{3}}{\dfrac{4a}{2}} = \frac{22a^3}{3}$$

I を計算する考え方

大小関係は次のとおり

$$\alpha_A = \frac{3}{2} = \frac{33}{22} \qquad \alpha_B = \frac{30}{22}$$

$$\therefore \quad \alpha_A > \alpha_B > 1$$

7章 全塑性モーメント

できる 7-4

「解かる7−4」の計算過程が長いため、ここは手順の確認用として同一問題とした。

図−1のような断面で同一材質からなる梁A及びBに、一点鎖線を中立軸とする曲げモーメントのみが作用している。これらの断面の降伏開始曲げモーメントをM_y、全塑性モーメントをM_pとするとき、断面内の応力度分布が図−2に示す状態である。梁A及びBにおけるM_pとM_yの比 $\alpha = \dfrac{M_p}{M_y}$ をそれぞれα_A、α_Bとするとき、その大小関係として、正しいものは、次のうちどれか。ただし、降伏応力度はσ_yとする。

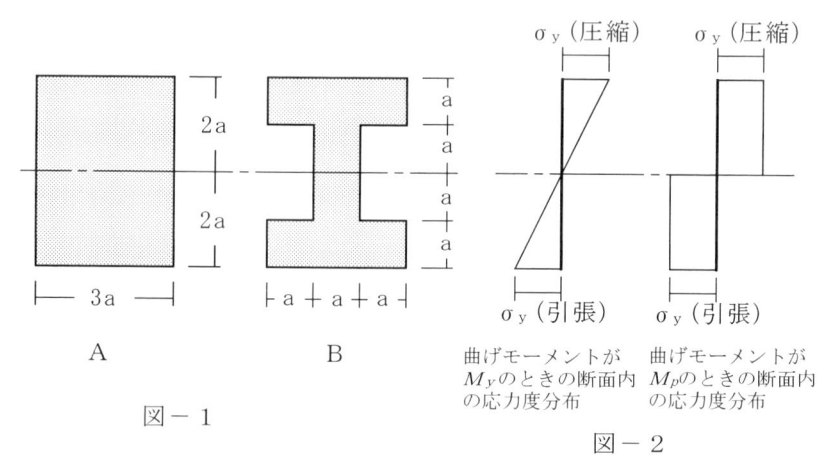

図−1

図−2
曲げモーメントがM_yのときの断面内の応力度分布
曲げモーメントがM_pのときの断面内の応力度分布

1. $\alpha_B > \alpha_A > 1$

2. $\alpha_A > \alpha_B > 1$

3. $1 > \alpha_A > \alpha_B$

4. $1 > \alpha_B > \alpha_A$

【正解：2】

7章　全塑性モーメント

［用語の意味］

1. 応力度

応力度は、断面の単位面積当たりの応力の大きさをいい、この章のはじめにとりあげた縁応力度（曲げ応力度）σ_bのほかにも、次の垂直応力度σやせん断力応力度τ（タウ）などがよく出題される。単位はN/mm^2。

$$\sigma_b = \frac{M}{Z} \quad \begin{array}{l}\cdots\cdots 曲げモーメント\\ \cdots\cdots 断面係数\end{array}$$

$$\sigma = \frac{N}{A} \quad \begin{array}{l}\cdots\cdots 軸方向力\\ \cdots\cdots 断面積\end{array}$$

$$\tau = \frac{Q}{A} \quad \begin{array}{l}\cdots\cdots せん断力\\ \cdots\cdots 断面積\end{array}$$

2. 組み合わせ応力度

図のような軸方向力Pと曲げモーメントMが同時に作用するときの応力度を組み合わせ応力度σといい、次式で求められる。

$$\sigma = \pm\frac{N}{A} \pm \frac{M}{Z}$$

N：軸方向力　A：断面積　M：曲げモーメント　Z：断面係数

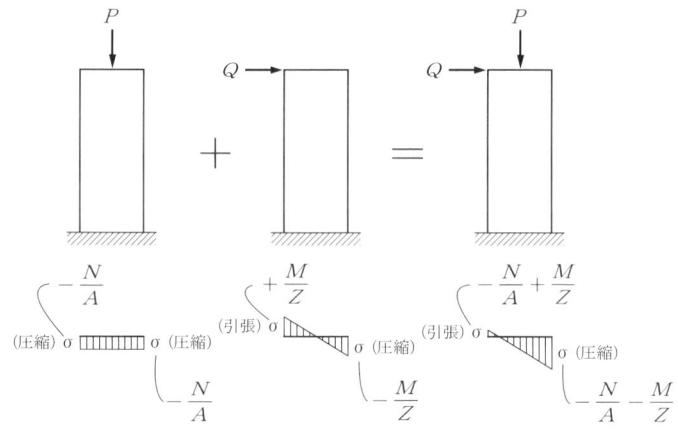

【応力度分布図と縁応力度の式】

※計算式に示されている符号±のいずれを選ぶかは、図にあるように、荷重により符号後の縁応力度が引張（＋）か、あるいは、圧縮（－）になるかによって決める。

次頁の例題の図は 7-2 と大変似ているが、解き方の手順はまったく異なる。7-2 は底部断面が全塑性状態であり全塑性モーメントの問題であるが、この例題は、応力度分布図を見るとわかるように弾性範囲内の問題である。その違いを確認しておくこと。

7章 全塑性モーメント

例題 図のような底部で固定された矩形断面材の頂部の図心Gに荷重P及び荷重Qが作用するときの底部a-a断面における垂直応力度分布が図-2に示されている。PとQとの組み合わせとして、正しいものは、次のうちどれか。ただし、矩形断面材は等質等断面とし、自重はないものとする。

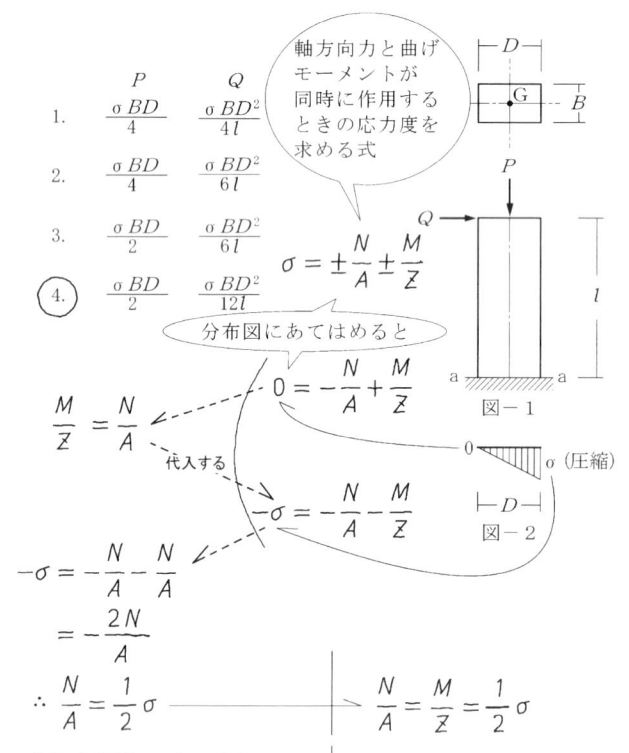

	P	Q
1.	$\dfrac{\sigma BD}{4}$	$\dfrac{\sigma BD^2}{4l}$
2.	$\dfrac{\sigma BD}{4}$	$\dfrac{\sigma BD^2}{6l}$
3.	$\dfrac{\sigma BD}{2}$	$\dfrac{\sigma BD^2}{6l}$
④	$\dfrac{\sigma BD}{2}$	$\dfrac{\sigma BD^2}{12l}$

軸方向力と曲げモーメントが同時に作用するときの応力度を求める式

$$\sigma = \pm \frac{N}{A} \pm \frac{M}{Z}$$

分布図にあてはめると

$$0 = -\frac{N}{A} + \frac{M}{Z}$$

$$\frac{M}{Z} = \frac{N}{A}$$

代入する

$$-\sigma = -\frac{N}{A} - \frac{M}{Z}$$

$$-\sigma = -\frac{N}{A} - \frac{N}{A}$$

$$= -\frac{2N}{A}$$

$$\therefore \frac{N}{A} = \frac{1}{2}\sigma \longrightarrow \frac{N}{A} = \frac{M}{Z} = \frac{1}{2}\sigma$$

図-1 / 図-2　σ(圧縮)

ここで、荷重Pと断面積B・Dを代入する。

$$\frac{N}{A} = \frac{P}{B \cdot D} = \frac{1}{2}\sigma$$

$$\therefore P = \frac{1}{2}\sigma \cdot BD = \frac{\sigma BD}{2}$$

ここで、曲げモーメントと断面係数の値を代入する。

$$\frac{M}{Z} = \frac{Ql}{\frac{BD^2}{6}} = \frac{1}{2}\sigma$$

$$Ql = \frac{1}{2}\sigma \cdot \frac{BD^2}{6}$$

$$\therefore Q = \frac{\sigma BD^2}{12l}$$

8章 トラス

　トラスに関する問題は、毎年出題されており、確実に得点源としたい。本書では、切断法（リッター法）を用いる。切断法は、トラスの解法の一つで、仮想切断された部材に生じる軸方向力と外力（反力）とがつりあうことを利用する。したがって、力のつりあいの知識が欠かせない。ここで、力のつりあいや反力、軸方向力のことばがよくわからないという場合は、章末の［用語の意味］から学習すること。

8章 トラス

トラスの基本的な解き方の手順は次のようになる。なお、この手順は、時間制限のある試験問題を念頭に、効率良く解けるように考えたもので、一般的なトラスの解き方とは違う部分がある。

《トラスの解き方の手順》
(1) 切断線を引いて→と N を描く
(2) 反力を求める
(3) N を求める

例として、図のような荷重が作用するトラスの軸方向力を求める。三つの部材の軸方向力を算定することとし、それぞれに《トラスの解き方の手順》を適用して取り組む。

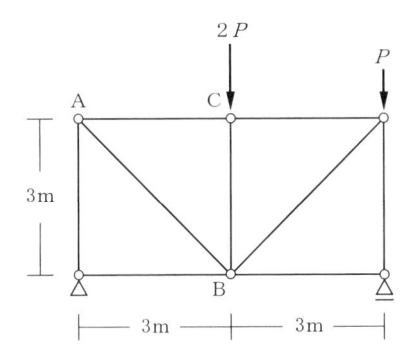

1. 部材 AC の N_1

(1) 切断線を引いて→と N を描く

図のように、仮想切断線をトラスに引いて、切断された部材の軸方向力を、すべて引張力（切断した箇所を引っ張るイメージで描く）N_1、N_2、N_3 と仮定して、力の矢印を書き込む。

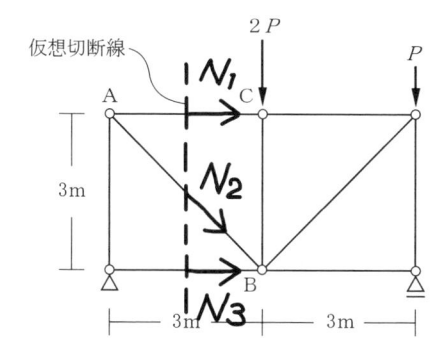

仮想切断線を引く位置は、軸方向力を求めたい部材 AC を含み、未知の軸方向力数が 3（これは力のつりあい条件式が三つであることに関係する）以下となる箇所がよい。

（2）反力を求める

　支点の反力 V_D、V_E を、上向きと仮定して書き込む。

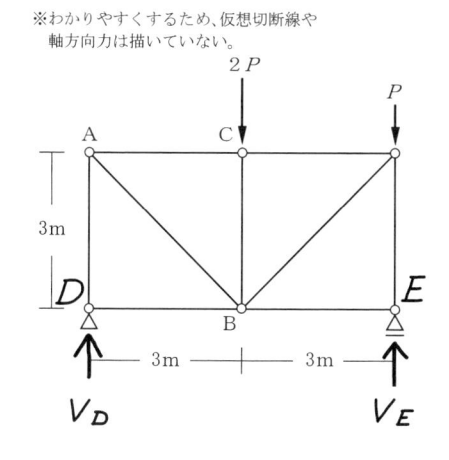

　ここでは、切断されたトラスの左側部分の力のつりあいによって N_1 を求める予定なので、V_D だけを求めればよい。E 点の力のつりあい（$\sum M_E = 0$）を使う。

8章 トラス

$\Sigma M_E = 0$ より

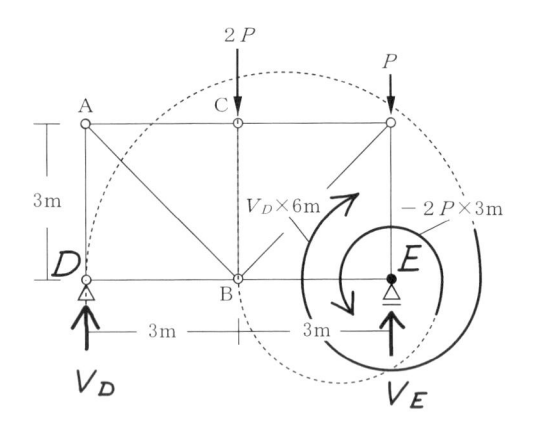

$\Sigma M_E = V_D \times 6\mathrm{m} - 2P \times 3\mathrm{m} + P \times 0 + V_E \times 0 = 0$

$6V_D = 6P$

∴ $V_D = P$（↑）…符号は＋なのではじめの仮定は正しく上向き

これでD点の反力 V_D は、P（上向き）と求められた。

(3) N を求める

仮想切断線の左側部分の力のつりあいから軸方向力 N_1 を算定する。切断法では、(2)で求めたD点の反力 P と N_1、N_2、N_3 の四つの力がつりあうことになる。

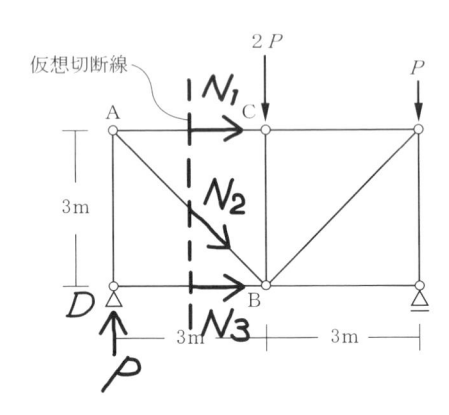

よって、N_1 を求めるには、B 点まわりの力のモーメントがゼロ（$\sum M_B = 0$）となることを利用する。

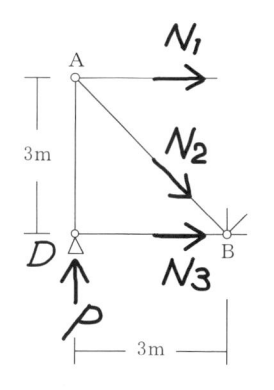

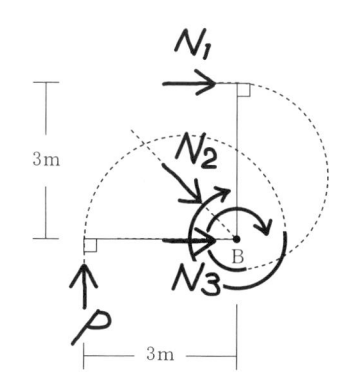

$\sum M_B = 0$ より

$\sum M_B = P \times 3\text{m} + N_1 \times 3\text{m} + N_2 \times 0 + N_3 \times 0 = 3P + 3N_1 = 0$

$3N_1 = -3P$

$\therefore N_1 = -P \quad (\rightarrow \cdot \leftarrow)$

N_1 の答えの符号が − なのは、はじめに N_1 を引張力（＋）と仮定したことが間違いであり、正しくは圧縮力（−）だったことを示す。もし、引張力であれば答えは ＋ とでる。つまり、解き方の手順（1）において、N をすべて引張力と仮定しておけば、計算結果の符号の ＋・− と N の引張力・圧縮力を表す符号 ＋・− とが一致して、仮定の正誤を判定しやすくなる。

これで、部材 AC の軸方向力 N_1 の大きさは P（圧縮力）と求められた。

2. 部材 AB の N_2

続いて、N_2 を求める。それには D 点まわりの力のモーメントがゼロ（$\sum M_D = 0$）となることを利用する。

8章 トラス

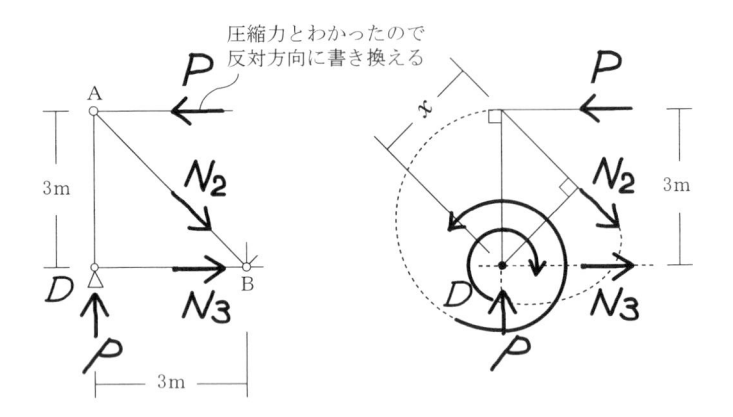

N_3 の作用線は、D 点を通るので力のモーメントは 0、支点の反力 P も同じくモーメントが 0 となるので、次式で N_2 が求められる。なお、N_2 のモーメント計算時の距離 x は、D 点から N_2 の作用線に垂線を下した長さとする。

$$\sum M_D = P \times 0 - P \times 3\mathrm{m} + N_2 \times x + N_3 \times 0 = -3P + N_2 \times x = 0$$

$$N_2 \times x = 3P$$

$$\therefore N_2 = 3P \div x \quad (\leftarrow \cdot \rightarrow)$$

このとき、D 点から N_2 までの距離 x は、次の「特別な直角三角形の 3 辺の比」のいずれかを用いて求める。

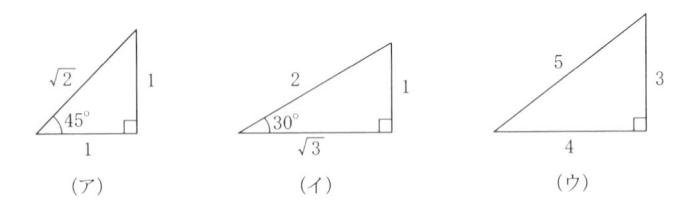

(ア) 45°、辺比 $1 : 1 : \sqrt{2}$
(イ) 30°、辺比 $\sqrt{3} : 1 : 2$
(ウ) 辺比 $4 : 3 : 5$

トラスの寸法から、(ア) を選んで直角の位置を合わせて並べる。すると、二つの三角形は、すべての角が等しい相似形なので、それぞれの辺の比も等しくなる。

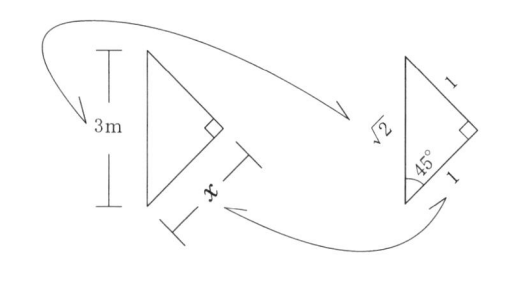

そこで

$$3\text{m} : \sqrt{2} = x : 1$$

$$\therefore x = \frac{3}{\sqrt{2}}$$

ここで、x の値を $N_2 = 3P \div x$ に代入すると

$$N_2 = 3P \div \frac{3}{\sqrt{2}} = 3P \times \frac{\sqrt{2}}{3} = \sqrt{2}P \quad (\leftarrow \cdot \rightarrow)$$

N_2 の計算結果の符号は + であるから、さきの N_1 と違って、はじめに引張力とした仮定は正しかったことになる。

これで、部材 AB の軸方向力 N_2 の大きさは $\sqrt{2}P$（引張力）と求められた。

[N_2 の別解]

試験問題では、N_2 のみを求めさせる出題が多い。この場合は、N_1 を解く手順が省ける $\sum Y = 0$（垂直方向に働く力の総和はゼロとなる）を用いる。

図のように、垂直方向の力のつりあいを用いるので、まず、N_2 の力を垂直方向 N_{2Y} と水平方向 N_{2X} に分解する。

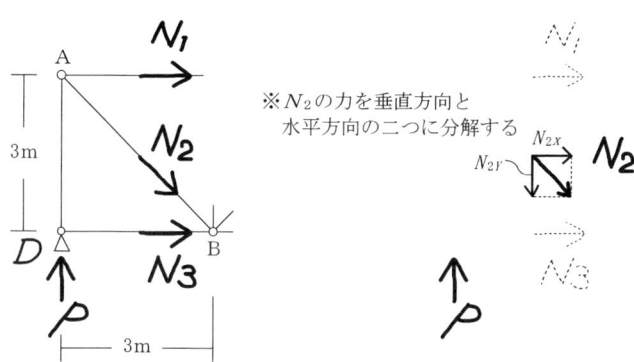

8章 トラス

N_2 を分解して、五つの力（P、N_1、N_{2Y}、N_{2X}、N_3）となっても、5力はつりあうので、垂直方向の力だけを取り出すと $\sum Y=0$ が成り立つ。この条件を用いて、分力 N_{2Y} を求める。

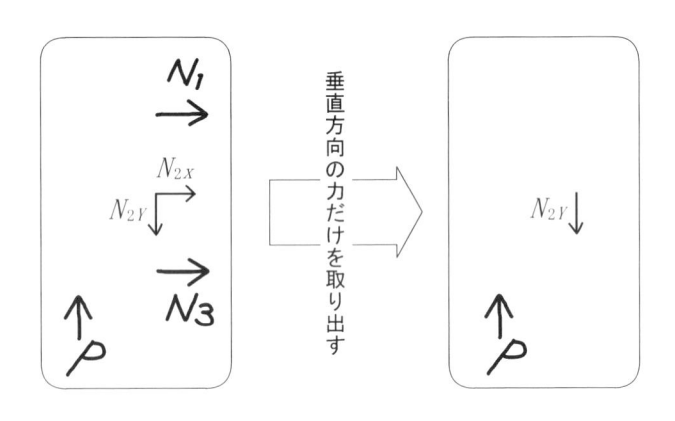

$\sum Y = 0$ より

$P - N_{2Y} = 0$

$\therefore N_{2Y} = P \ (\downarrow)$

ここで、計算結果の符号が＋なので、はじめの N_2 の引張力とした仮定は正しかった。もし、－となれば、力の向きは仮定とは反対となり、圧縮力とわかる。

分力 N_{2Y} の値が P とわかれば、あとは直角三角形の3辺の比を使って、N_2 を求めることができる。

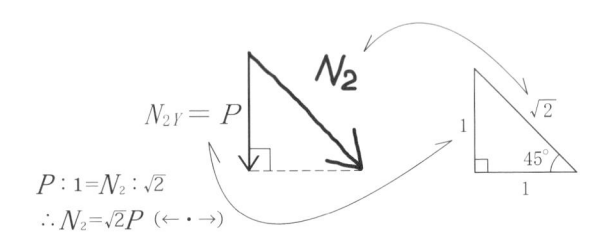

$P : 1 = N_2 : \sqrt{2}$

$\therefore N_2 = \sqrt{2} P \ (\leftarrow \cdot \rightarrow)$

これで、部材 AB の軸方向力 N_2 の大きさは、N_1 を求める手順を省いて $\sqrt{2}P$（引張力）と求められた。

3. 部材 BD の N_3

N_3 を求めるには A 点まわりの力のモーメントがゼロ（$\sum M_A = 0$）となることを使う。すると、P, N_1, そして N_2 の三つの作用線は、すべて A 点を通ることがわかる。つまり、N_3 を除いて三つの力のモーメントはすべて 0 となる。よって軸方向力 N_3 は 0 である。式にすれば、次のとおり。

$$\sum M_A = P \times 0 + P \times 0 + N_2 \times 0 + N_3 \times 3\,\text{m} = 0$$
$$N_3 \times 3\,\text{m} = 0$$
$$\therefore N_3 = 0$$

これで、部材 BD の軸方向力 N_3 の大きさは 0 と求められた。

〈軸方向力が生じない部材〉

実は、3. で求めた N_3 は、部材 BD の節点の形状などから、計算しなくても一見して軸方向力が生じていないことがわかる。これは、図のような部材や外力が三つ集まる節点で、力のつりあいを考えると、二つの力の作用線が一直線上にあるときは、残りの 1 力は 0 となるからである。

ほかにも、右図のような二つの部材が接合された節点で、部材が一直線でなければ、部材の軸方向力はすべて 0 となる。ただし、その節点に外力が作用していないことが条件である。

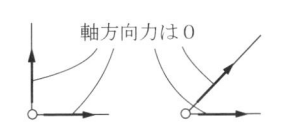

すぐさま軸方向力の 0 が判定できるので、試験対策として、覚えておきたい。以下の問題では 8-6 で利用している。

8章 トラス

わかる 8-1

> 1 切断線を引いて→と N を描く

図のような荷重を受けるトラスにおいて、上弦材ＡＢに生じる軸方向力として、正しいものは、次のうちどれか。ただし、軸方向力は、引張力「＋」、圧縮力を「－」とする。

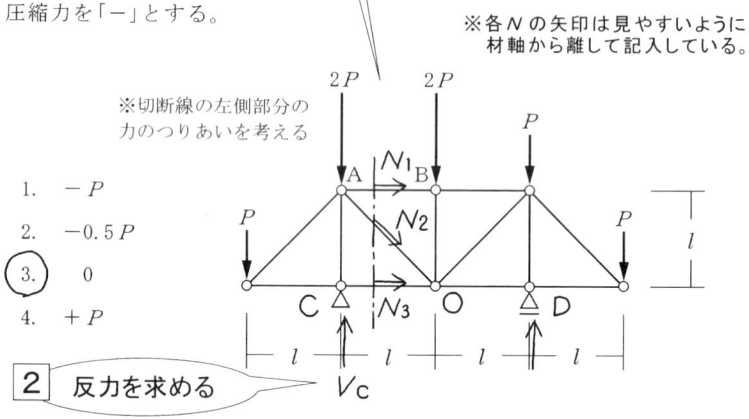

※各 N の矢印は見やすいように材軸から離して記入している。

※切断線の左側部分の力のつりあいを考える

1. $-P$
2. $-0.5P$
3. ⓪ 0
4. $+P$

> 2 反力を求める

切断線の左側部分を計算するので、D点の $\Sigma M_D = 0$ となる力のつりあいに注目して、C点の反力 V_C を求める。

$$\Sigma M_D = -P \cdot 3\ell - 2P \cdot 2\ell + V_C \cdot 2\ell - 2P \cdot \ell + P \cdot \ell$$
$$= -8P\ell + 2V_C\ell = 0$$
$$\therefore V_C = \frac{8P\ell}{2\ell} = 4P(\uparrow)$$

※D点の反力は略す

> 3 N_1 を求める

N_1 以外の N_2 と N_3 の力の作用線が交差するO点の $\Sigma M_O = 0$ となる力のつりあいに注目して、N_1 の値を求める。

$$\Sigma M_O = -P \cdot 2\ell - 2P \cdot \ell + V_C \cdot \ell + N_1 \cdot \ell$$
$$= -4P\ell + 4P\ell + N_1\ell$$
$$= N_1\ell = 0$$
$$\therefore N_1 = 0$$

$V_C = 4P$

できる 8-1

図のような荷重を受けるトラスにおいて、上弦材ＡＢに生じる軸方向力として、正しいものは、次のうちどれか。ただし、軸方向力は、引張力「＋」、圧縮力を「－」とする。

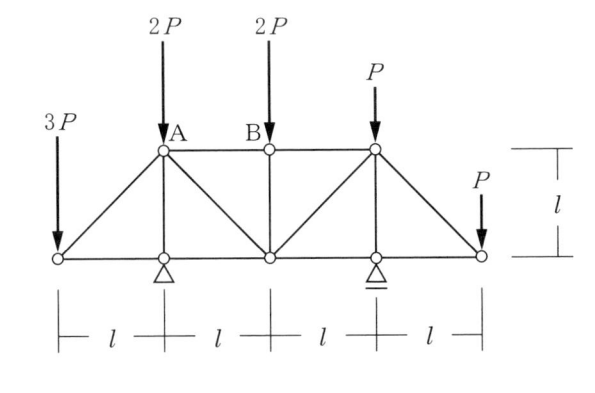

1. $-P$
2. $-0.5P$
3. 0
4. $+P$

【正解：4】

8章 トラス

わかる 8-2

1　切断線を引いて→とNを描く

図のような荷重を受ける<u>トラス</u>において、部材ＡＢに生じる軸方向力として、正しいものは、次のうちどれか。ただし、引張力を「＋」、圧縮力を「−」とする。

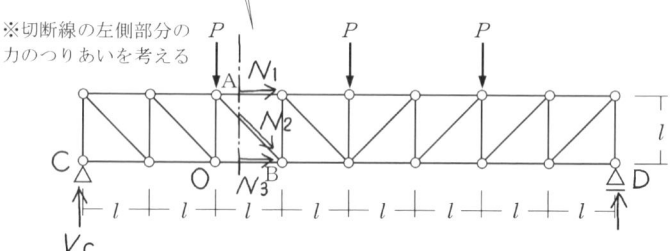

※切断線の左側部分の力のつりあいを考える

1. $-\sqrt{2}P$
2. $-\dfrac{\sqrt{2}P}{2}$
3. 0
4. $+\dfrac{\sqrt{2}P}{2}$ ◯

2　反力を求める

図を見ると、トラスと荷重は左右対称形である。よって、各支点反力は、総荷重の半分となる。

$$3P \div 2 = \dfrac{3}{2}P(\uparrow)$$

3　N_2 を求める

① N_2 は斜材で、$\Sigma Y = 0$ を用いる。トラスの左側部分の垂直方向に関する力のみを取り出した左図から N_{2Y} を求める。

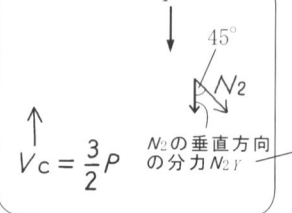

$$\Sigma Y = \dfrac{3}{2}P - P - N_{2Y} = 0$$

$$\therefore N_{2Y} = \dfrac{1}{2}P (\downarrow) \text{…符号は＋で仮定の力の向きは正しかった}$$

$V_C = \dfrac{3}{2}P$　N_2 の垂直方向の分力 N_{2Y}

② N_{2Y} から、直角三角形の3辺の比を用いて N_2 を求める。

$$\dfrac{1}{2}P : 1 = N_2 : \sqrt{2}$$

$$\therefore N_2 = \dfrac{\sqrt{2}}{2}P (\leftarrow\cdot\rightarrow)$$

できる 8-2

図のような荷重を受けるトラスにおいて、部材ABに生じる軸方向力として、正しいものは、次のうちどれか。ただし、引張力を「＋」、圧縮力を「－」とする。

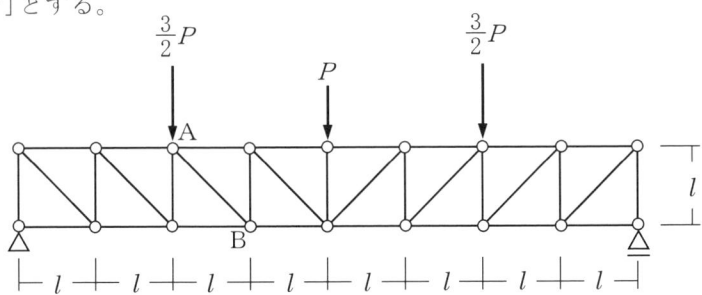

1. $+\dfrac{\sqrt{2}P}{2}$

2. $+\sqrt{2}P$

3. 0

4. $-\sqrt{2}P$

【正解：1】

8章 トラス

わかる 8-3

1 切断線を引いて→とNを描く

図のような荷重が作用するトラスにおいて、部材ABに生じる軸方向力として、正しいものは、次のうちどれか。ただし、軸方向力は、引張力を「＋」、圧縮力を「－」とする。

1. $-\dfrac{3\sqrt{2}}{2}P$
2. $-\dfrac{\sqrt{2}}{2}P$
3. $+\dfrac{\sqrt{2}}{2}P$
4. $+\dfrac{3\sqrt{2}}{2}P$ ←○

※切断線の左側部分の力のつりあいを考える

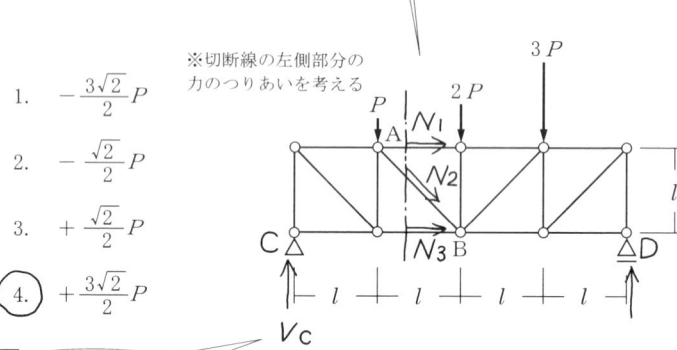

2 反力を求める

切断線の左側部分を計算するので、D点の$\Sigma M_D = 0$となる力のつりあいに注目して、C点の反力V_Cを求める。

$$\Sigma M_D = V_C \cdot 4\ell - P \cdot 3\ell - 2P \cdot 2\ell - 3P \cdot \ell = 0$$

$$\therefore 4V_C\ell = 10P\ell \quad V_C = \dfrac{5}{2}P(\uparrow)$$

3 N_2を求める

① N_2は斜材で、$\Sigma Y = 0$を用いる。トラスの左側部分の垂直方向に関する力のみを取り出した下図からN_{2Y}を求める。

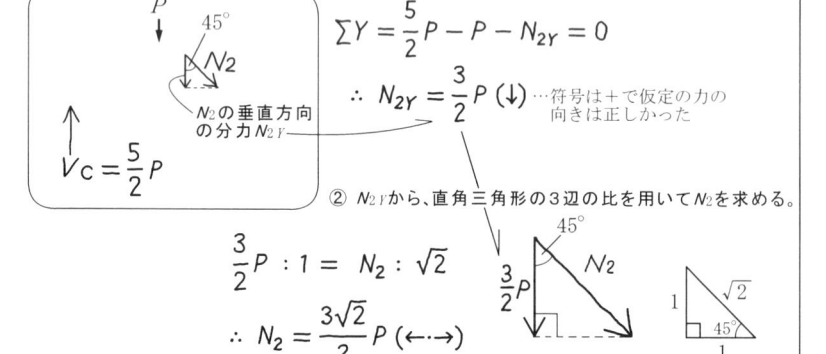

$$\Sigma Y = \dfrac{5}{2}P - P - N_{2Y} = 0$$

$$\therefore N_{2Y} = \dfrac{3}{2}P(\downarrow) \text{…符号は＋で仮定の力の向きは正しかった}$$

$V_C = \dfrac{5}{2}P$

N_2の垂直方向の分力N_{2Y}

② N_{2Y}から、直角三角形の3辺の比を用いてN_2を求める。

$$\dfrac{3}{2}P : 1 = N_2 : \sqrt{2}$$

$$\therefore N_2 = \dfrac{3\sqrt{2}}{2}P(\leftarrow\cdot\rightarrow)$$

できる 8-3

図のような荷重が作用するトラスにおいて、部材ＡＢに生じる軸方向力として、正しいものは、次のうちどれか。ただし、軸方向力は、引張力を「＋」、圧縮力を「－」とする。

1. $-\sqrt{2}\,P$
2. $-\dfrac{\sqrt{2}}{2}P$
3. $+\sqrt{2}\,P$
4. $+\dfrac{\sqrt{2}}{2}P$

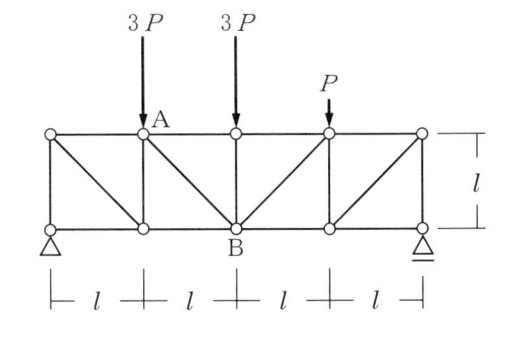

【正解：3】

8章 トラス

わかる 8-4

1 切断線を引いて→とNを描く

図のような荷重Pを受けるトラスにおいて、部材ABに生じる軸方向力として、正しいものは、次のうちどれか。ただし、軸方向力は、引張力を「＋」、圧縮力を「－」とする。

1. $-\dfrac{2P}{\sqrt{3}}$

2. $-\dfrac{P}{3\sqrt{3}}$

3. $+\dfrac{2P}{3\sqrt{3}}$ ◯

4. $+\dfrac{P}{\sqrt{3}}$

※切断線の左側部分の力のつりあいを考える

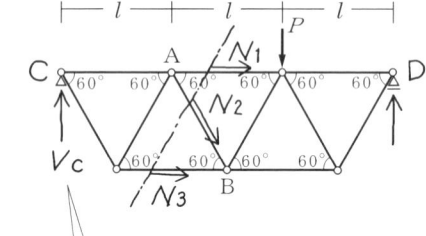

2 反力を求める

切断線の左側部分を計算するので、D点の$\sum M_D = 0$となる力のつりあいに注目して、C点の反力V_Cを求める。

$$\sum M_D = V_C \cdot 3\ell - P \cdot \ell = 0$$

$$\therefore V_C = \dfrac{P\ell}{3\ell} = \dfrac{P}{3} (\uparrow)$$

3 N_2を求める

① N_2は斜材で、$\sum Y = 0$を用いる。トラスの左側部分の垂直方向に関する力のみを取り出した下図からN_{2Y}を求める。

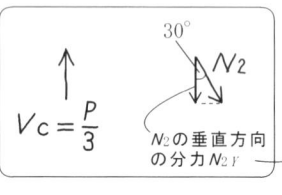

$$\sum Y = \dfrac{P}{3} - N_{2Y} = 0$$

$$\therefore N_{2Y} = \dfrac{P}{3} (\downarrow) \text{…符号は＋で仮定の力の向きは正しかった}$$

② N_{2Y}から、直角三角形の3辺の比を用いてN_2を求める。

$$\dfrac{P}{3} : \sqrt{3} = N_2 : 2$$

$$\sqrt{3} \cdot N_2 = \dfrac{2P}{3} \quad \therefore N_2 = \dfrac{2P}{3\sqrt{3}} \quad (\leftarrow \cdot \rightarrow)$$

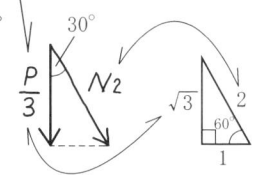

できる 8-4

図のような荷重を受けるトラスにおいて、部材ＡＢに生じる軸方向力として、正しいものは、次のうちどれか。ただし、軸方向力は、引張力を「＋」、圧縮力を「－」とする。

1. $-\dfrac{2P}{\sqrt{3}}$

2. $-\dfrac{4P}{3\sqrt{3}}$

3. $+\dfrac{2P}{3\sqrt{3}}$

4. $+\dfrac{4P}{3\sqrt{3}}$

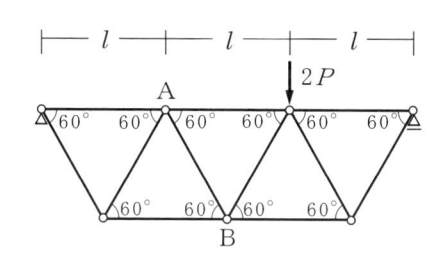

【正解：4】

8章 トラス

わかる 8-5

1　切断線を引いて→とNを描く

図のような荷重を受ける<u>トラス</u>において、部材ＡＢに生じる軸方向力として、正しいものは、次のうちどれか。ただし、軸方向力は、引張力を「＋」、圧縮力を「－」とする。

1. $-2\sqrt{2}P$
2. $-\sqrt{2}P$
3. $+\sqrt{2}P$
4. $+2\sqrt{2}P$　　◯

※切断線の左側部分の力のつりあいを考える

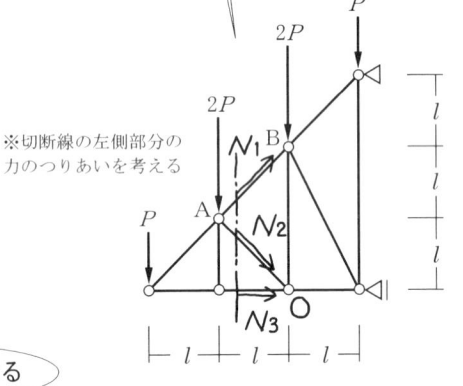

2　反力を求める

切断線の左側部分を計算するので、反力を求めなくてよい。

3　N_1を求める

N_1以外のN_2とN_3の力の作用線が交差するＯ点の$\Sigma M_O = 0$となる力のつりあいに注目して、N_1の値を求める。

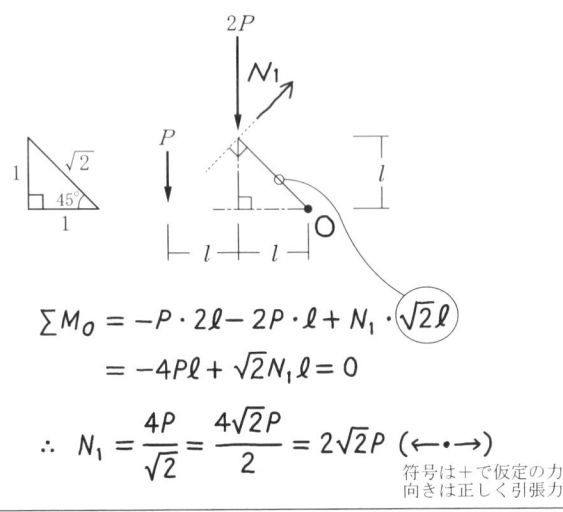

$$\Sigma M_O = -P \cdot 2\ell - 2P \cdot \ell + N_1 \cdot \sqrt{2}\ell$$
$$= -4P\ell + \sqrt{2}N_1\ell = 0$$
$$\therefore N_1 = \frac{4P}{\sqrt{2}} = \frac{4\sqrt{2}P}{2} = 2\sqrt{2}P \;(\leftarrow\cdot\rightarrow)$$

符号は＋で仮定の力の向きは正しく引張力

できる 8-5

図のような荷重を受けるトラスにおいて、部材ABに生じる軸方向力として、正しいものは、次のうちどれか。ただし、軸方向力は、引張力を「＋」、圧縮力を「－」とする。

1. $-2\sqrt{2}\,P$
2. $-\sqrt{2}\,P$
3. $+3\sqrt{2}\,P$
4. $+4\sqrt{2}\,P$

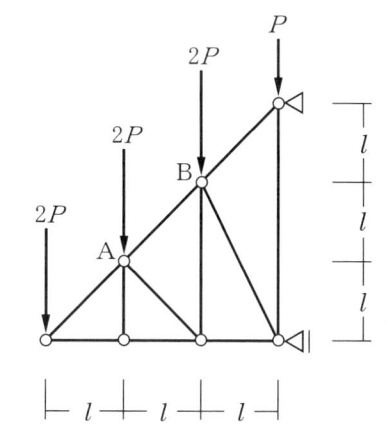

【正解：3】

8章 トラス

わかる 8-6

1 切断線を引いて→と N を描く

図のような荷重を受けるトラスにおいて、部材ＡＢに生じる軸方向力として、正しいものは、次のうちどれか。ただし、軸方向力は、引張力を「＋」、圧縮力を「－」とする。

1. $-2P$
2. $-P$
3. $+P$ ←○
4. $+2P$

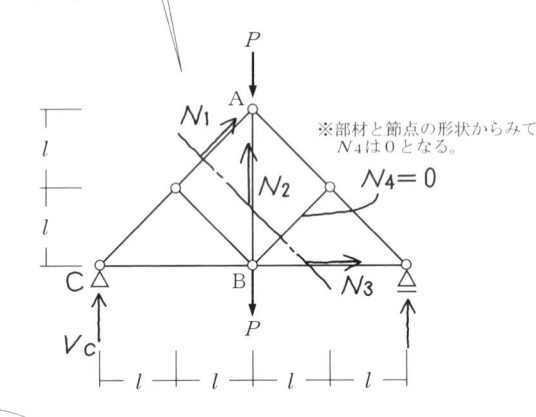

※部材と節点の形状からみて N_4 は 0 となる。

2 反力を求める

図を見ると、トラスと荷重は左右対称形である。よって、各支点反力は、総荷重の半分となる。

$$2P \div 2 = P (\uparrow)$$

3 N_2 を求める

N_2 以外の N_1 と N_3 の力の作用線が交差するＣ点の $\Sigma M_C = 0$ となる力のつりあいに注目して、N_2 の値を求める。

$$\Sigma M_C = P \cdot 2\ell - N_2 \cdot 2\ell = 0$$
$$2N_2 \ell = 2P\ell$$
$$\therefore N_2 = P (\leftarrow \cdot \rightarrow)$$

できる 8-6

図のような荷重を受けるトラスにおいて、部材ABに生じる軸方向力として、正しいものは、次のうちどれか。ただし、軸方向力は、引張力を「＋」、圧縮力を「－」とする。

1. $-3P$
2. $-2P$
3. $+2P$
4. $+3P$

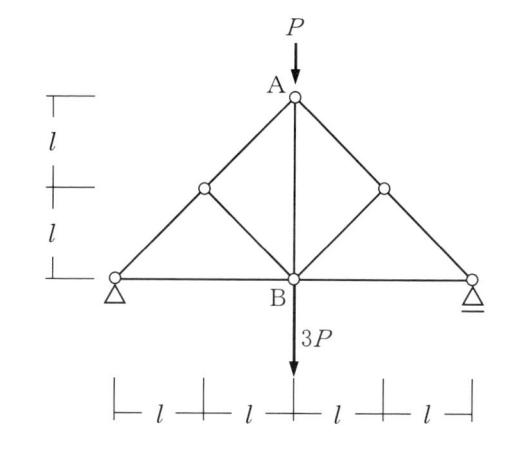

【正解：4】

[トラスの応用問題]

ここからは、《トラスの解き方の手順》そのままでは解けない問題をとりあげる。

8-7、8-8のトラスの水平変位問題を解くには、解き方の手順に加えて、次の軸方向の変位 δ の式を覚えておかなければならない。

$$\delta = \frac{Nl}{AE}$$

〈変位 δ の式の考え方〉

図に示すような元の長さ l の部材が、力 N を受け、軸方向に伸びた長さを δ とする。

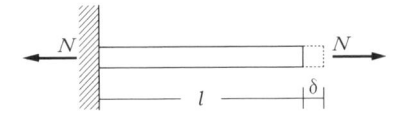

ここで、δ を求める式は、次のヤング係数式を利用する。

$$\text{ヤング係数 } E = \frac{\sigma}{\varepsilon}$$

このとき、軸方向のひずみ度 ε（イプシロン）と応力度 σ は次式で示される。

$$\varepsilon = \frac{\delta}{l} \qquad \sigma = \frac{N}{A} \quad {}_{A：部材の断面積}$$

したがって、

$$E = \frac{\sigma}{\varepsilon} = \frac{\dfrac{N}{A}}{\dfrac{\delta}{l}} = \frac{N}{A} \cdot \frac{l}{\delta}$$

δ を求める式に変形すると、次のとおり。

$$\delta = \frac{Nl}{AE}$$

8-9の塑性崩壊荷重は、静定トラスに作用している荷重が増大して、軸方向力が大きくなり、トラスを構成する一部材が降伏に達して、これ以上の荷重を加えなくても変位だけが増大する状態の荷重となる。したがって、これまでの軸方向力の大きさを求める解き方の手順に加えて、次の降伏応力度 σ_y の式がポイントとなる。

$$\sigma_y = \frac{N}{A} \quad \begin{array}{l} \cdots\cdots\text{最大応力（軸方向力）} \\ \cdots\cdots\text{部材の断面積} \end{array}$$

8章 トラス

わかる 8-7

図のような鉛直荷重 P を受けるトラス A、B、C において、それぞれのローラー支持点の水平変位 δ_A、δ_B、δ_C の大小関係として、正しいものは、次のうちどれか。ただし、各部材は同一材質とし、斜材の断面積はそれぞれ a、$2a$、$3a$ とし、水平材の断面積はいずれも a とする。

3つのトラスの水平材の A、E、l が、いずれも等しいので、右 δ 式から、N のみ比較すれば、各 δ の大小関係が求められる。

$$\delta = \frac{Nl}{AE}$$

$$\sum M_{o2} = \frac{1}{2}P \cdot 4l - N_B \cdot 4l$$
$$= 2Pl - 4N_B l = 0$$
$$\therefore N_B = \frac{1}{2}P \;(\leftarrow \cdot \rightarrow)$$

① N_A、N_B、N_C を求める。

$$\sum M_{o1} = \frac{1}{2}P \cdot 4l - N_A \cdot 8l$$
$$= 2Pl - 8N_A l = 0$$
$$\therefore N_A = \frac{1}{4}P \;(\leftarrow \cdot \rightarrow)$$

$$\sum M_{o3} = \frac{1}{2}P \cdot 4l - N_C \cdot 3l$$
$$= 2Pl - 3N_C l = 0$$
$$\therefore N_C = \frac{2}{3}P \;(\leftarrow \cdot \rightarrow)$$

1. $\delta_A > \delta_B > \delta_C$
2. $\delta_A = \delta_B = \delta_C$
3. $\delta_B = \delta_C > \delta_A$
4. $\delta_C > \delta_B > \delta_A$ ◯

② ここで、軸方向力 N の大きい順に並べると

$$N_C > N_B > N_A$$

③ δ 式から N が大きいと水平変位 δ も大きくなるので

$$\delta_C > \delta_B > \delta_A$$

※ 3つのトラスの斜材部分の断面積はすべて異なっているが、ローラー支点の水平変位の大きさには、直接関係しない。

できる 8-7

図のような鉛直荷重を受けるトラス A、B、C において、それぞれの ローラー支持点の水平変位 δ_A、δ_B、δ_C の大小関係として、正しい ものは、次のうちどれか。ただし、各部材は同一材質とし、斜材の断面積 はそれぞれ a、2a、3a とし、水平材の断面積はいずれも a とする。

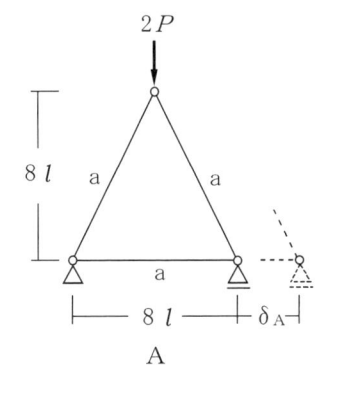

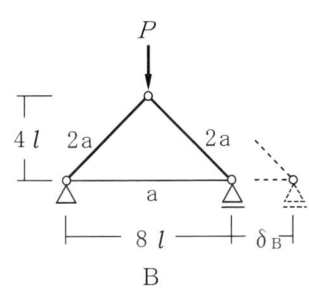

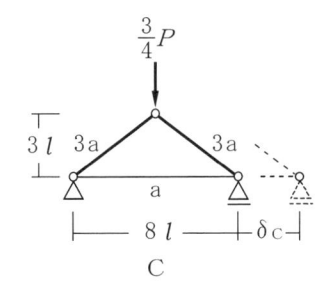

A

B

C

1. $\delta_A > \delta_B > \delta_C$
2. $\delta_A = \delta_B = \delta_C$
3. $\delta_B = \delta_C > \delta_A$
4. $\delta_C > \delta_A = \delta_B$

【正解:2】

8章 トラス

わかる 8-8

> 水平変位 δ_B は、部材AC、CBの軸方向力 N_{AC}、N_{CB} を求め、書き出した δ の式による δ_{AC}、δ_{CB} の値を合計して求める。

図のような荷重を受ける<u>トラス</u>において、荷重によって生じるB点の<u>水平方向(横方向)</u>の変位 δ_B として、正しいものは、次のうちどれか。ただし、それぞれの部材は等質等断面とし、断面積を A、ヤング係数を E とする。

$$\delta = \frac{N\ell}{AE}$$

1. $\dfrac{Pl}{EA}$
2. $\dfrac{2Pl}{EA}$
3. $\dfrac{3Pl}{EA}$
4. $\dfrac{4Pl}{EA}$ ← (正解)

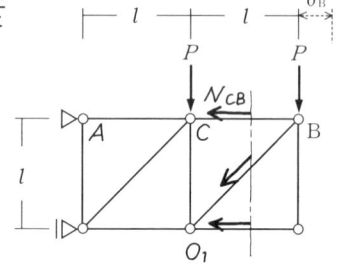

① N_{CB} を計算し δ_{CB} を求める

$$\sum M_{O1} = -N_{CB}\cdot\ell + P\cdot\ell = 0$$

$$\therefore N_{CB} = P$$

$$\delta_{CB} = \frac{P\ell}{AE} \ (\leftarrow\cdot\rightarrow)$$

② N_{AC} を計算し δ_{AC} を求める

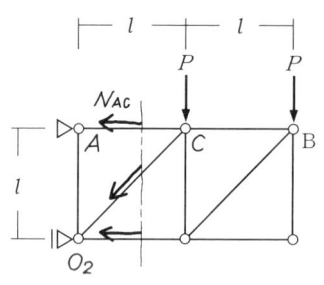

$$\sum M_{O2} = -N_{AC}\cdot\ell + P\cdot\ell + P\cdot 2\ell = 0$$

$$\therefore N_{AC} = 3P \ (\leftarrow\cdot\rightarrow)$$

$$\delta_{AC} = \frac{3P\ell}{AE}$$

③ δ_B を求める

$$\delta_B = \delta_{CB} + \delta_{AC} = \frac{P\ell}{AE} + \frac{3P\ell}{AE} = \frac{4P\ell}{AE}$$

できる 8-8

図のような荷重を受けるトラスにおいて、荷重によって生じる B 点の水平方向（横方向）の変位 δ_B として、正しいものは、次のうちどれか。ただし、それぞれの部材は等質等断面とし、断面積を A、ヤング係数を E とする。

1. $\dfrac{3Pl}{EA}$
2. $\dfrac{5Pl}{EA}$
3. $\dfrac{7Pl}{EA}$
4. $\dfrac{8Pl}{EA}$

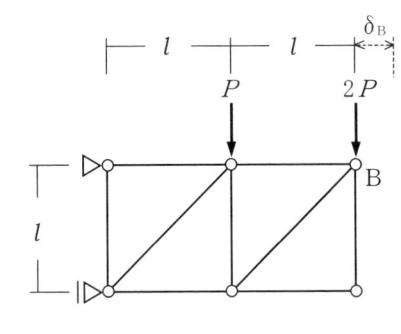

【正解：3】

8章 トラス

わかる 8-9

静定トラスは一部材が降伏すると塑性崩壊する。図のような先端集中荷重 P を受けるトラスの塑性崩壊荷重として、正しいものは、次のうちどれか。ただし、各部材は、断面積を A、材料の降伏応力度を σ_y とし、断面二次モーメントは十分に大きく、座屈は考慮しないものとする。

$$\sigma_y = \frac{N}{A}$$

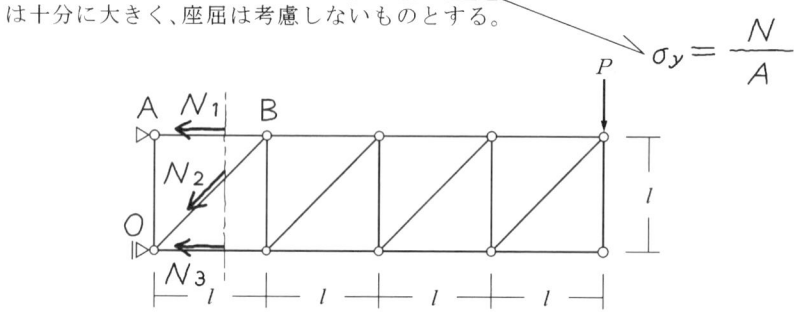

このトラス部材の中で、荷重を増大させると、最初に降伏しそうな部材は、経験的に、支点に近い部材ABである。荷重 P による軸方向力は、N_1 が最も大きくなる（判断がつかない場合は、N_2 や N_3 も算定してみること）。

1. $A\sigma_y$

2. $\dfrac{A\sigma_y}{2}$

3. $\dfrac{A\sigma_y}{3}$

4. $\dfrac{A\sigma_y}{4}$ ← 〇

① N_1 を求める

O点の $\Sigma M_O = 0$ となる力のつりあいに注目して、N_1 の値を求める。

$$\Sigma M_O = -N_1 \cdot \ell + P \cdot 4\ell = 0$$
$$\therefore N_1 = 4P \; (\leftarrow \cdot \rightarrow)$$

② P_U を求める

①から、P が増大して、塑性崩壊荷重 P_U となると、部材ABの軸方向力は $4P_U$ となる。そこで、降伏応力度 σ_y の式を変形して P_U を求める。

$$\sigma_y = \frac{N}{A} \begin{array}{l}\cdots\cdots\text{最大応力}\\ \cdots\cdots\text{部材の断面積}\end{array} \rightarrow N = A \cdot \sigma_y$$

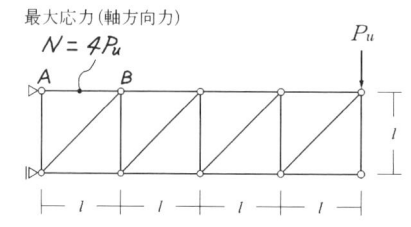

$$4P_u = A \cdot \sigma_y$$
$$\therefore P_u = \frac{A\sigma_y}{4}$$

できる 8-9

静定トラスは一部材が降伏すると塑性崩壊する。図のような先端集中荷重 P を受けるトラスの塑性崩壊荷重として、正しいものは、次のうちどれか。ただし、各部材は、断面積を A、材料の降伏応力度を σ_y とし、断面二次モーメントは十分に大きく、座屈は考慮しないものとする。

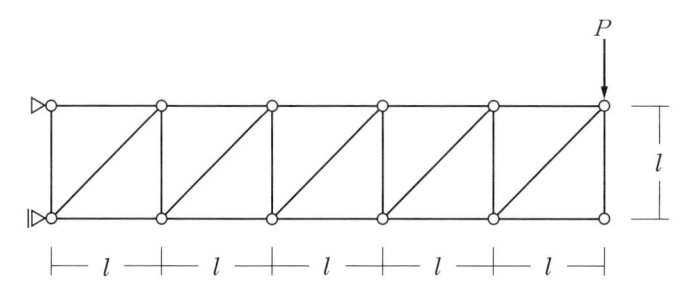

1. $\dfrac{A \sigma_y}{6}$

2. $\dfrac{A \sigma_y}{5}$

3. $\dfrac{A \sigma_y}{4}$

4. $\dfrac{A \sigma_y}{3}$

【正解：2】

8章 トラス

［用語の意味］

トラスの問題を解くために必要な、力のつりあい、反力、軸方向力などの基礎知識を確認する。

1. 力のつりあい

ここで力がつりあうとは、荷重（力）が作用しているにも関わらず、構造物などが移動も回転もしない静止した状態をいう。このとき、次の三つの条件式が成り立つ。

〈力のつりあい条件式〉
① $\Sigma X = 0$（水平方向に働く力の総和はゼロとなる）…横移動しない。
② $\Sigma Y = 0$（垂直方向に働く力の総和はゼロとなる）…縦移動しない。
③ $\Sigma M = 0$（任意の点における力のモーメントの総和はゼロとなる）…回転しない。　　　　　　　　※ Σ：ギリシャ文字（大文字）でシグマ。

※ M（モーメント）は、回転作用のある力のことで、図のような荷重 P による O 点まわりの力のモーメント M_O は、「力の大きさ P × 距離 l」で求められる。ここで、l は点 O から P の作用線に垂線を下ろした長さとする。

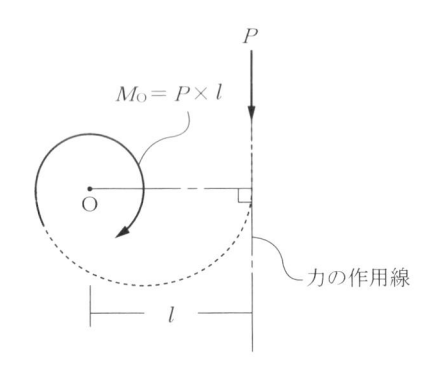

$M_O = P \times l$
力の作用線

例題 次の4力はつりあっているか。

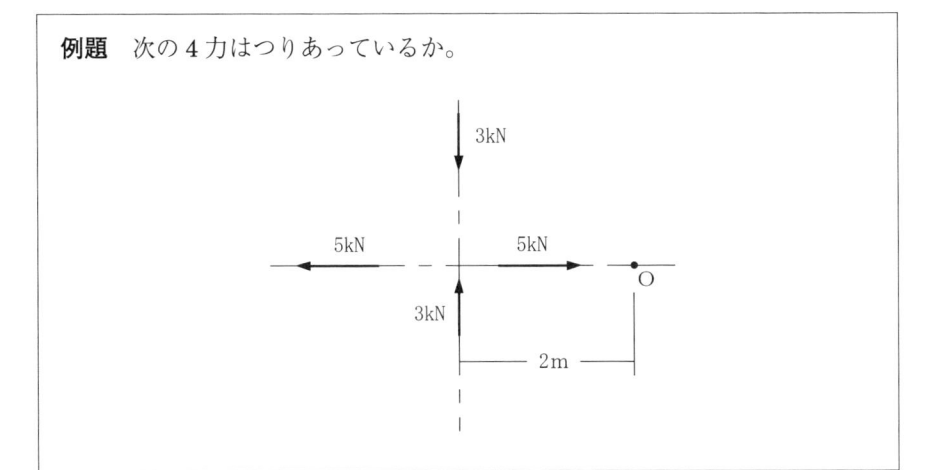

力がつりあうのであれば、三つの力のつりあい条件式が成り立つので確認できる。なお、式を計算するときには力の符号が必要になるが、水平方向は、右向きを＋、左向きを－。垂直方向では、上向きを＋、下向きを－とする。力のモーメントは、右回りを＋、左回りを－とする。

① $\sum X = -5\,\text{kN} + 5\,\text{kN} = 0$
水平方向に働く力の総和はゼロとなる。

② $\sum Y = -3\,\text{kN} + 3\,\text{kN} = 0$
垂直方向に働く力の総和はゼロとなる。

③ $\sum M_O = -3\,\text{kN} \times 2\,\text{m} + 3\,\text{kN} \times 2\,\text{m} - 5\,\text{kN} \times 0 + 5\,\text{kN} \times 0 = 0$
O点における力のモーメントの総和はゼロとなる。

したがって、力のつりあい条件式のすべてを満たしており、4力はつりあっている。

8章 トラス

なお、力が斜め方向に作用する場合は、図のように、一つの力を垂直方向と水平方向の2力（分力）に分解して計算する。

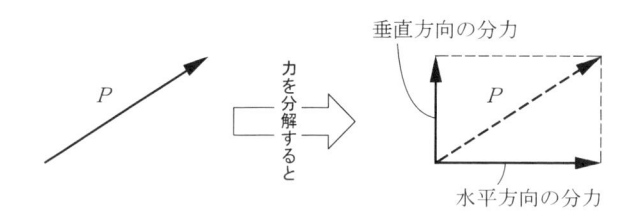

2. 反　力

(1) トラスの反力

図のようなトラスに水平荷重 P が作用した場合、支点には一つの水平反力と二つの垂直反力が生じる。

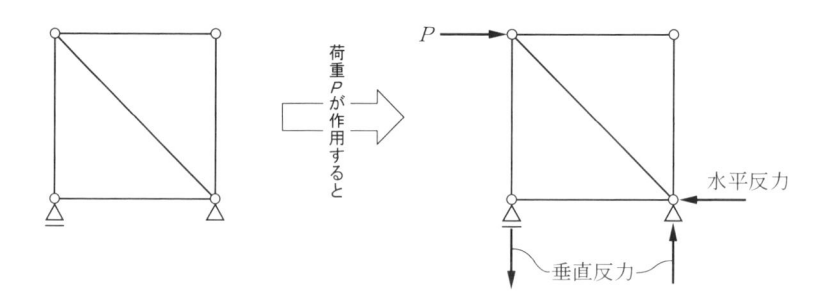

荷重とこの反力は、前に学んだように外力ともよばれ、荷重が作用している構造物が静止しているとき、外力どうしでつりあうことになる。したがって、反力を求めるときには、この外力のつりあいに注目して、さきに説明した力のつりあい条件式を使う。

(2) 反力数

試験に出題される構造物の支点の種類には、次の三つがあり、生じる反力数もそれぞれ異なる。

① 固定端……………………支点の水平移動、垂直移動、そして、回転が拘束されるので、水平反力、垂直反力、反力モーメントの三つが生じる可能性がある。
② 回転端（ピン）………支点の回転は自由だが、水平移動と垂直移動が拘束されるので、水平反力、垂直反力の二つが生じる可能性がある。
③ 移動端（ローラー）…支点の水平移動と回転が自由だが、垂直移動が拘束されるので、垂直反力のみ生じる可能性がある。

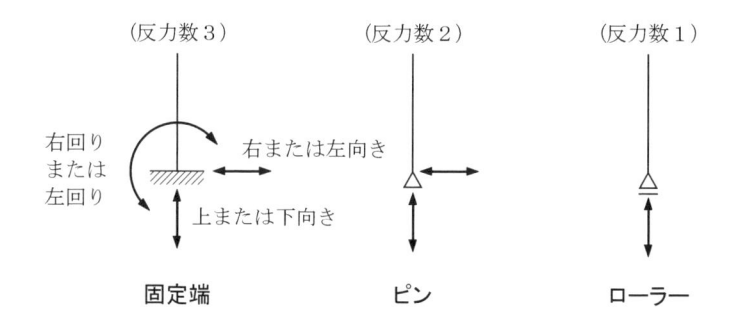

（反力数3）　　　　（反力数2）　　　　（反力数1）

右回り
または　　　　右または左向き
左回り
　　　　上または下向き

固定端　　　　　　　ピン　　　　　　ローラー

上の記号をみてもわかるように、斜め方向に生じる反力は描かれていない。これは効率よく計算するために斜め方向の力となる場合は、前に説明した力の分解などを使い、水平・垂直方向の分力に置き換えて取り扱うためである。

(3) 反力を求める手順

ここで（1）のトラスの反力を求めてみる。なお、力の符号は、水平方向の場合は、右向きを＋、左向きを－。垂直方向では、上向きを＋、下向きを－とする。力のモーメントは、右回りを＋、左回りを－とする。

① 支点の反力を仮定する

はじめに、支点に生じる可能性のあるすべての反力を、図のように、仮定して書き込む。このトラスでは、A支点はローラーで一つ（V_A：↓下向き）、B支点はピンなので二つ（V_B：↑上向き、H_B：←左向き）の反力を仮定する。

それぞれの力の向きを仮定するときは、荷重が作用したとき、構造物が静止し

そうな向きにする。ただここで、反力の向きを間違えたとしても、反力の計算結果の符号が−となり、反力の方向の仮定を間違えたことを教えてくれるので、そこで向きを反対方向へ修正すればよい。

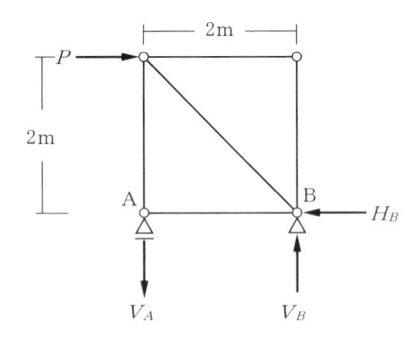

ここでのポイントは、反力は、外力のつりあいによって求めるため、荷重と反力だけを取り出して計算できる点である。構造物の部材内に生じている力（応力または内力という）は考えなくてよい。そこで、構造物自体の表示はなくてもかまわないことになるが、力のモーメント計算時には、寸法（距離）が必要となるため、ここでは、構造物は消さずに細線で表示して話を進める。

② $\Sigma M_A = 0$ を用いて反力 V_B を求める

図のように、V_A と H_B の 2 力は、それらの作用線が A 点を通るので力のモーメントは 0 となる。したがって、残りの荷重 P と V_B の二つの力のモーメントの和が 0 となることから、V_B の値が求められる。

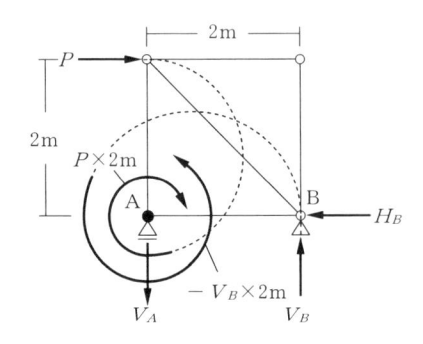

$\Sigma M_A = 0$ より

$\quad P \times 2\mathrm{m} - V_B \times 2\mathrm{m} = 0$

$\quad \therefore V_B = P\ (\uparrow)\ \cdots$符号は＋なのではじめの仮定は正しく上向き

　ここで、V_B の計算結果の符号は、力の符号ではないことに注意する。計算の結果が＋であれば、はじめの仮定（反力を上向きとした）が正しかったことを示し、－となれば誤りだったことを表す。計算結果の符号が＋だから反力は上向きというわけではなく、はじめの仮定が正しかったことを意味する。次の③でも、計算結果の符号は同じく＋となるが、反力は上向きではなく下向きである。

③　$\Sigma Y = 0$ を用いて反力 V_A を求める

　垂直方向に働く外力（反力）は楕円内の2力だけであり、この2力の和が0となる。

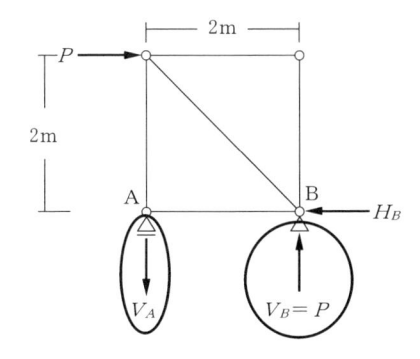

$\Sigma Y = 0$ より

$\quad -V_A + V_B = 0$

$V_B = P$ より

$\quad -V_A + P = 0$

$\quad \therefore V_A = P\ (\downarrow)\ \cdots$符号は＋なのではじめの仮定は正しく下向き

④　$\Sigma X = 0$ を用いて反力 H_B を求める

　水平方向に働く力は楕円で囲んだ二つの力だけであり、この2力の和が0となる。

8章 トラス

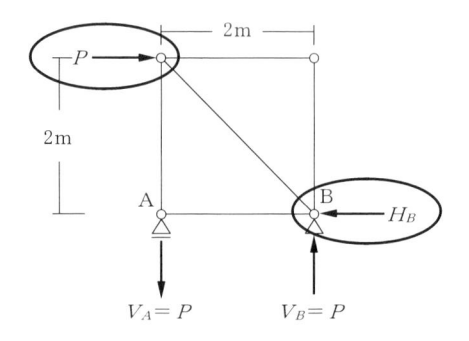

$\sum X = 0$ より

$P - H_B = 0$

∴ $H_B = P$ (←) …符号は+なのではじめの仮定は正しく左向き

これで、水平荷重 P が作用したとき、構造物の支点に生じる三つの反力の値がすべて求められた。

3. 軸方向力

トラスの軸方向力は、外力が作用したとき、部材内で材軸方向に生じる応力をいう。通常、応力は、大きさが等しい一対の力で表されるが、トラスでは、軸方向力の一対の力は、図のように示され、力が節点から部材の中央へと向かう引張力(引張応力)と部材の中央から節点へと向かう圧縮力(圧縮応力)の二つがある。

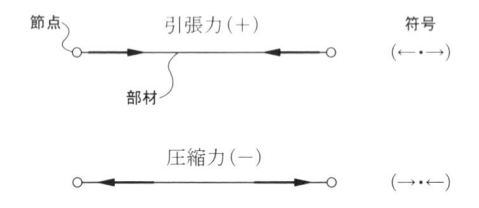

なお、引張力（＋）と圧縮力（－）の符号は、部材の変形状態を表すもので、力のつりあいの計算時に使った力の向きの符号とは性質が違うものであることに注意する。

9章　曲げモーメント

　曲げモーメントに関する問題は、これまで毎年出題されており、2問以上という年も少なくない。それだけに最重要単元といえる。そして、前章のトラスと同様に、曲げモーメントも、式さえ覚えておけば解けるという問題は少ないので、解き方の手順だけではなく、解答を得るために必要と考えられる知識の説明も加えていく。

9章　曲げモーメント

曲げモーメントの基本的な解き方の手順は、次のようになる。

《曲げモーメントの解き方の手順》
(1) 右側か左側か
(2) 反力を求める
(3) M を求める

例として、図のような二つの荷重が作用する片持ばりの C 点に生じる曲げモーメントを求める。

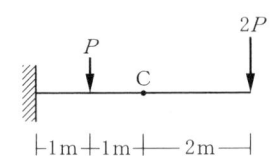

(1) 右側か左側か

曲げモーメントは、部材を曲げようと働く一対のモーメント（応力）で、本書では次の考え方を採用する。

〈曲げモーメントの考え方〉
　任意の点の曲げモーメントの値は、その点より左右いずれか側の外力のその点に対するモーメントの総和で示される。

したがって、曲げモーメントを求める場合は、まず、求めようとする点の右側か、あるいは、左側かの外力を選ばなければならない。もちろん、いずれの側を選んでも計算結果は同じになるが、この例では、C 点の右側で計算する。なぜなら、右側の外力は $2P$ の荷重のみであるが、左側の外力は、荷重 P に加えて、支点に生じている反力も考慮しなければならず、モーメントの計算過程が少し増えるからである。繰り返しになるが、試験には時間制限があり、効率と計算ミスには十分注意したい。

(2) 反力を求める

　この例では、C点の右側を選択して曲げモーメントを求めるので反力計算の必要はない。もし、左側を選択するのであれば、支点の反力から求めなければならない。

(3) M を求める

　C点の右側に着目して、〈曲げモーメントの考え方〉を使うと「C点の曲げモーメントの値は、その点より右側の外力（荷重 $2P$）のその点に対するモーメントで示される。」ので、次式で求められる。

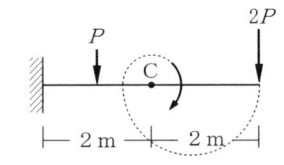

$$_右M_C = 2P \times 2\mathrm{m} = 4P\mathrm{m} \quad (\odot)$$

　C点の曲げモーメントの値は $4P\mathrm{m}$ で符号は $(\odot)$ と求められた。

　このように、C点の片側だけに着目した計算で曲げモーメントが求められるのは、曲げモーメントが、一対のモーメントで表されるからである。

　$(\odot)$ は曲げモーメントの符号であるが、この例のように、C点の右側を計算すると、計算結果は＋（右回り）となり、$(\odot)$ の右側（右回り）と一致する。もし、左側を選ぶと計算結果は－となり、曲げモーメントの符号の左側と一致して左回りとなる。また、この符号 $(\odot)$ から、部材の変形状態を読み取ることもでき、部材の上側が引張、下側が圧縮とわかる。反対に、$(\odot)$ の場合は、下側が引張である。

　このように、曲げモーメントの符号は変形の状態の判断に役立つので、モーメント計算で、設問の図中に力のモーメントを描くときは、右側外力の場合は曲げモーメントを求める点の右側に、左側外力の場合は、その点の左側に描くようにする。

9章　曲げモーメント

〈曲げモーメント図（M図）〉

9-7 は、ラーメンの曲げモーメント図に関する問題である。曲げモーメント図は、柱やはりの各点における曲げモーメントの値を材軸に対して直角方向の長さとして表したものである。線を描く側は、設問にもよるが、通常、引張側であることが多く、この例の片持ばりの曲げモーメント図は、次のように描かれる。

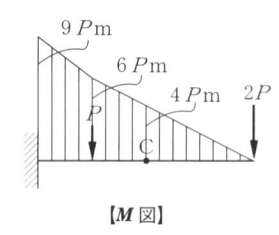

【M図】

なお、頻度は高くないものの、はりの最大曲げモーメントを求める出題がみられる。この対策としては、次の代表的なはりの曲げモーメント図と式（手書きの部分）を覚えておくとよい。とくに不静定ばりについては、本試験の短い制限時間内で一からその値を求めるのは容易なことではない。

【はりの最大曲げモーメント】

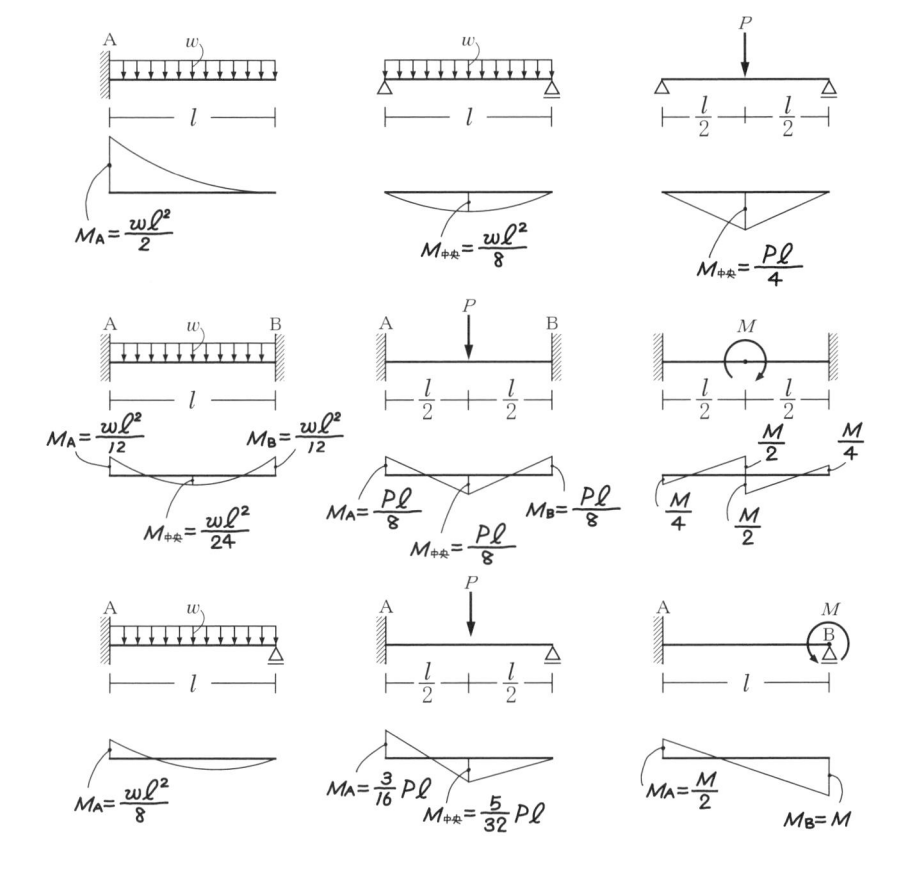

$M_A = \dfrac{w\ell^2}{2}$

$M_{中央} = \dfrac{w\ell^2}{8}$

$M_{中央} = \dfrac{P\ell}{4}$

$M_A = \dfrac{w\ell^2}{12}$ 　 $M_B = \dfrac{w\ell^2}{12}$

$M_{中央} = \dfrac{w\ell^2}{24}$

$M_A = \dfrac{P\ell}{8}$ 　 $M_B = \dfrac{P\ell}{8}$

$M_{中央} = \dfrac{P\ell}{8}$

$\dfrac{M}{2}$ 　 $\dfrac{M}{4}$

$\dfrac{M}{4}$ 　 $\dfrac{M}{2}$

$M_A = \dfrac{w\ell^2}{8}$

$M_A = \dfrac{3}{16}P\ell$

$M_{中央} = \dfrac{5}{32}P\ell$

$M_A = \dfrac{M}{2}$

$M_B = M$

9章 曲げモーメント

わかる 9-1

図のような荷重を受ける構造物のA点に、曲げモーメントが生じない場合の荷重Pと荷重Qとの比として、正しいものは、次のうちどれか。

$M_A = 0$ となる。

	P	Q
1.	1 : 1
2.	1 : 2
③.	2 : 1
4.	2 : 3

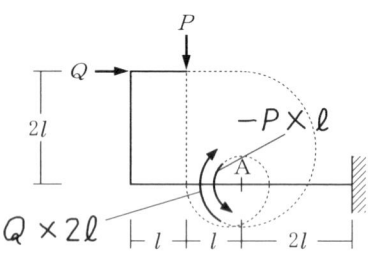

1 右側か左側か

A点の曲げモーメントの値は、左側外力のモーメントの総和で示す。

2 反力を求める

片持ばりで、A点より左側に作用する外力によって曲げモーメントを求めるので、反力計算は不要である。

3 M_A を求める

題意より曲げモーメントが生じないのでゼロ！

$$_左 M_A = Q \times 2\ell - P \times \ell = 0$$

$$\therefore P\ell = 2Q\ell \rightarrow \frac{P}{Q} = \frac{2}{1} \rightarrow P : Q = 2 : 1$$

できる 9-1

図のような荷重を受ける構造物のA点に、曲げモーメントが生じない場合の荷重Pと荷重Qとの比として、正しいものは、次のうちどれか。

	P	Q
1.	1 : 1
2.	1 : 2
3.	2 : 1
4.	2 : 3

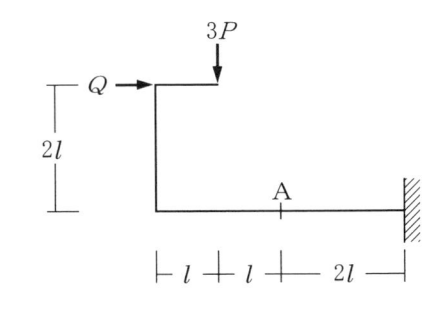

【正解：4】

9章 曲げモーメント

わかる 9-2

図のような水平荷重 P を受ける骨組みにおいて、A点における曲げモーメントの大きさとして、正しいものは、次のうちどれか。

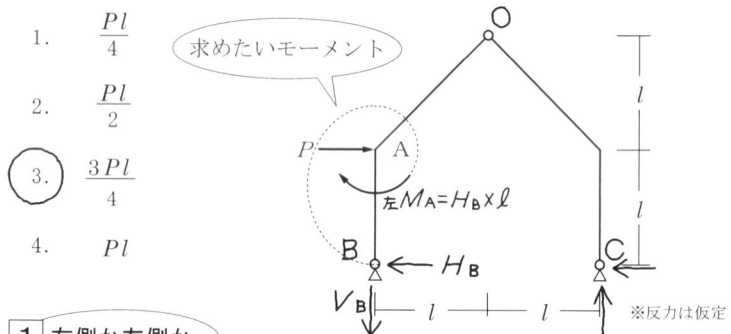

1. $\dfrac{Pl}{4}$
2. $\dfrac{Pl}{2}$
3. $\dfrac{3Pl}{4}$ ◯
4. Pl

求めたいモーメント

左$M_A = H_B \times l$

※反力は仮定

1 右側か左側か

A点の曲げモーメントの値は、左側（A点からB支点）外力のモーメントの総和で示す。図中の式で左M_A は計算できるが、それには反力H_B の値を求めなければならない。

2 反力を求める

いきなりH_B を求めることができない。まず、支点Cの力のつりあいに着目して、$\Sigma M_C = 0$ より、反力V_B から求める。

$$\Sigma M_C = P \cdot l - V_B \cdot 2l = Pl - 2V_B l = 0$$
$$\therefore 2V_B l = Pl \quad V_B = \frac{P}{2} (\downarrow)$$

ここで、O点に着目するとピンなので、曲げモーメントはゼロになる。これを用いてH_B を求める。

$$左M_O = -V_B \cdot l - P \cdot l + H_B \cdot 2l = -\frac{P}{2} \cdot l - Pl + 2H_B l$$
$$= -\frac{3Pl}{2} + 2H_B l = 0 \quad \therefore 2H_B l = \frac{3Pl}{2} \quad H_B = \frac{3P}{4} (\leftarrow)$$

3 M_A を求める

A点の左側の計算結果は＋で右回り、よって、符号は下側が引張となる。

$$左M_A = H_B \cdot l = \frac{3Pl}{4} \;(\curvearrowright)$$

できる 9-2

図のような水平荷重を受ける骨組みにおいて、A点における曲げモーメントの大きさとして、正しいものは、次のうちどれか。

1. $2Pl$
2. $\dfrac{3Pl}{2}$
3. $\dfrac{4Pl}{3}$
4. Pl

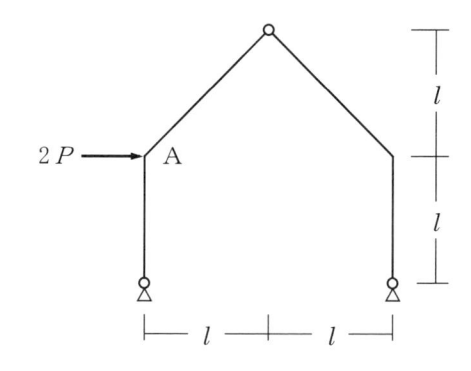

【正解：2】

9章 曲げモーメント

わかる 9-3

図のような荷重を受ける3ヒンジラーメンにおいて、A点における曲げモーメントの大きさとして、正しいものは、次のうちどれか。

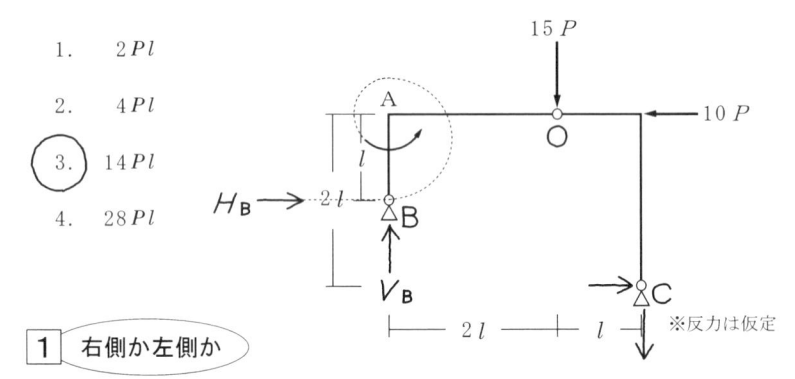

1. $2Pl$
2. $4Pl$
3. $14Pl$ ◯
4. $28Pl$

※反力は仮定

1 右側か左側か

A点の曲げモーメントの値は、左側(A点からB支点)外力のモーメントの総和で示す。
よって、$_左M_A = H_B \cdot l$ で求められる。したがって、B支点の反力H_Bを求めなければならない。

2 反力を求める

いきなりH_Bを求めることができないので、O点がピンで曲げモーメントがゼロになることから、まずV_Bを求める。

$$_左M_O = -H_B \cdot l + V_B \cdot 2l = 0 \quad \therefore V_B = \frac{H_B l}{2l} = \frac{H_B}{2}$$

つぎに、支点Cの力のつりあいに着目して、$\Sigma M_C = 0$より、H_Bを求める。

$$\Sigma M_C = V_B \cdot 3l - 15P \cdot l - 10P \cdot 2l + H_B \cdot l = \frac{H_B}{2} \cdot 3l - 35Pl + H_B l$$

$$= \frac{3H_B l}{2} + \frac{2H_B l}{2} - 35Pl = \frac{5H_B l}{2} - 35Pl = 0$$

$$\therefore \frac{5H_B l}{2} = 35Pl \quad H_B = 35P \times \frac{2}{5} = 14P(\rightarrow)$$

3 M_Aを求める

A点の左側の計算結果は−で左回り、よって、符号は上側が引張となる。

$$_左M_A = -H_B \cdot l = -14Pl$$

できる 9-3

図のような荷重を受ける3ヒンジラーメンにおいて、A点における曲げモーメントの大きさとして、正しいものは、次のうちどれか。

1. $2Pl$
2. $4Pl$
3. $8Pl$
4. $12Pl$

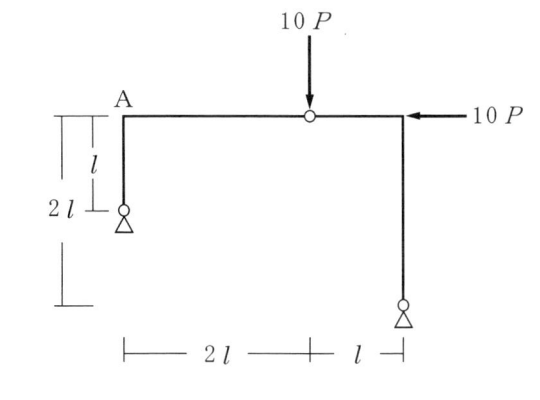

【正解：4】

9章 曲げモーメント

わかる 9-4

※ 設問文に「曲げモーメント」の文字はないが、解き方の手順は、参考になる。

図のような荷重が作用する3ヒンジラーメンにおいて、A点における水平反力H_Aの大きさとして、正しいものは、次のうちどれか。

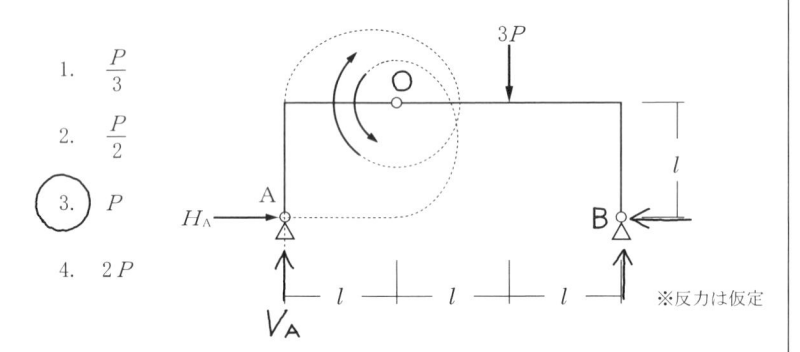

1. $\dfrac{P}{3}$
2. $\dfrac{P}{2}$
3. P
4. $2P$

※反力は仮定

1 右側か左側か

O点の曲げモーメントの値は、左側外力のモーメントの総和で示され、${}_左M_O=0$となる。したがって、A支点の反力V_Aの値がわかれば、H_Aの大きさが求められる。

2 反力を求める

$\Sigma M_B=0$より、V_Aを求める。

$$\Sigma M_B = V_A \cdot 3\ell - 3P \cdot \ell = 3V_A\ell - 3P\ell = 0$$
$$\therefore V_A = P \;(\uparrow)$$

3 O点がピンで${}_左M_O=0$からH_Aが求められる。

$$_左M_O = P \cdot \ell - H_A \cdot \ell = 0$$
$$\therefore H_A = P \;(\rightarrow)$$

できる 9-4

図のような荷重が作用する3ヒンジラーメンにおいて、A点における水平反力H_Aの大きさとして、正しいものは、次のうちどれか。

1. $\dfrac{5P}{3}$
2. $\dfrac{5P}{2}$
3. P
4. $3P$

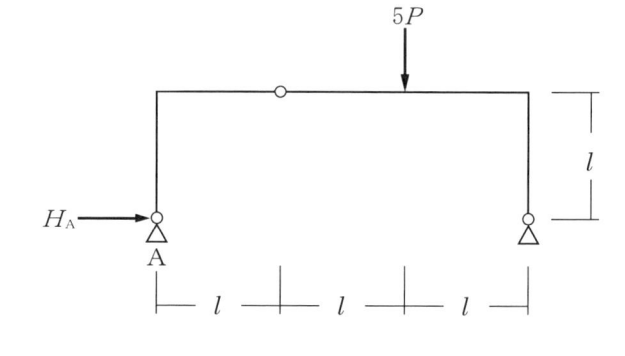

【正解：1】

9章 曲げモーメント

わかる 9-5

図のような荷重を受ける構造物において、A点における<u>曲げモーメント</u>の大きさとして、正しいものは、次のうちどれか。

※反力は仮定

1. $\dfrac{\sqrt{2}}{2}Pl$
2. $\sqrt{2}\,Pl$
3. $\dfrac{3}{2}Pl$ ◯
4. $2\,Pl$

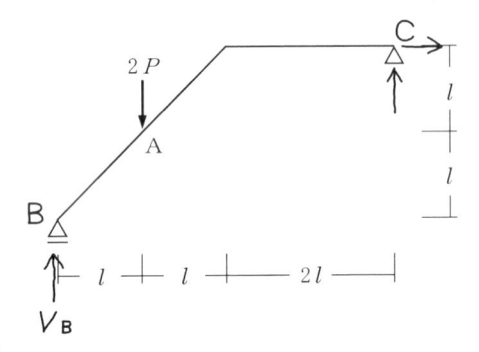

1 右側か左側か

A点の曲げモーメントの値は、左側外力のモーメントの総和で示す。
よって、${}_左M_A = V_B \cdot l$ で求められる。したがって、B支点の反力V_Bを求めなければならない。

2 反力を求める

支点Cの力のつりあいに着目して、$\Sigma M_C = 0$より、V_Bを求める。

$$\Sigma M_C = -2P \cdot 3l + V_B \cdot 4l$$
$$= -6Pl + 4V_B l = 0$$
$$\therefore 4V_B l = 6Pl$$
$$V_B = \dfrac{3P}{2}(\uparrow)$$

3 M_Aを求める

$${}_左M_A = V_B \cdot l = \dfrac{3}{2}Pl \;(\curvearrowright \cdot \curvearrowleft)$$

できる 9-5

図のような荷重を受ける構造物において、A点における曲げモーメントの大きさとして、正しいものは、次のうちどれか。

1. $\dfrac{3}{4} Pl$
2. $\sqrt{2}\, Pl$
3. $\dfrac{2}{3} Pl$
4. $2 Pl$

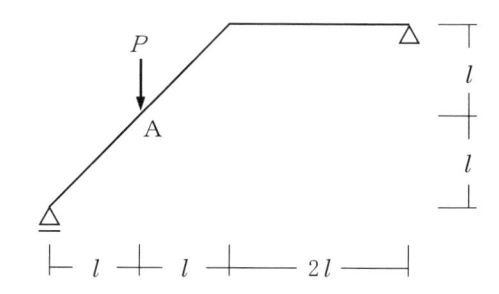

【正解：1】

9章 曲げモーメント

わかる 9-6

図のような梁のA点及びB点にモーメントが作用している場合、C点に生じる曲げモーメントの大きさとして、正しいものは、次のうちどれか。

1. 0
2. $\frac{1}{3}M$
3. $\frac{1}{2}M$
4. ⓐ M

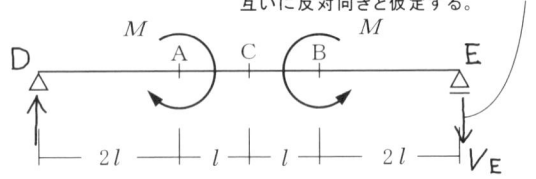

$\Sigma Y=0$ であるから、支点D、Eの反力は互いに反対向きと仮定する。

[梁の図：D点（左端、支点）—2l—A点（モーメントM）—l—C点—l—B点（モーメントM）—2l—E点（右端、支点、V_E）]

1 右側か左側か

C点の曲げモーメントの値は、右側外力のモーメントの総和で示す。
よって、$_右M_C = -M + V_E \cdot 3l$ で求められる。したがって、E支点の反力 V_E から求める。

B点のMは、左回りなので―

2 反力を求める

支点Dの力のつりあいに着目して、$\Sigma M_D = 0$ より、V_E を求める。

$$\Sigma M_D = M - M + V_E \cdot 6l$$
$$= 6V_E l = 0$$
$$\therefore V_E = 0$$

3 M_C を求める

$$_右M_C = -M \; (\curvearrowleft \cdot \curvearrowright)$$

できる 9-6

図のような梁のA点及びB点にモーメントが作用している場合、C点に生じる曲げモーメントの大きさとして、正しいものは、次のうちどれか。

1. 0
2. $\dfrac{2}{3}M$
3. $\dfrac{3}{2}M$
4. M

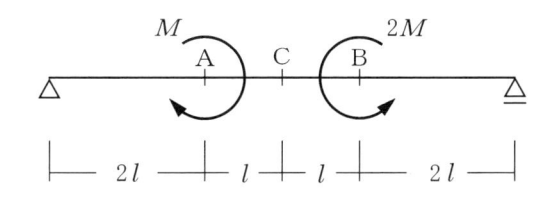

ヒント：$\Sigma M_D = M - 2M + 6V_E l \quad \therefore V_E = \dfrac{M}{6l}$
D点とE点の位置は「わかる 9-6」を参照。

【正解：3】

9章　曲げモーメント

わかる 9-7

図のような荷重 P を受けるラーメンの曲げモーメント図として、正しいものは、次のうちどれか。ただし、曲げモーメント図は、材の引張側に描くものとする。

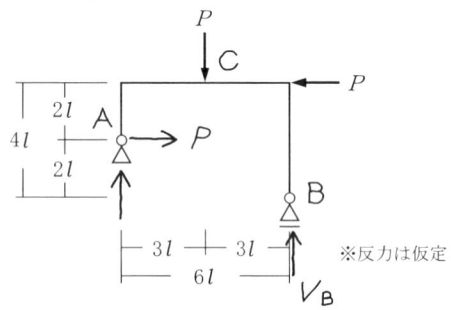

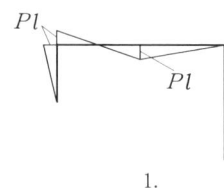

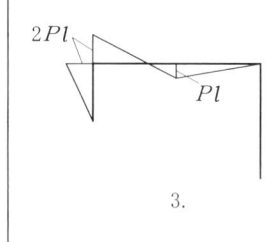

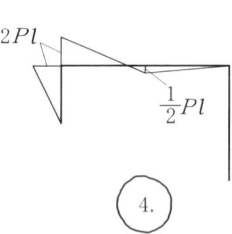

※反力は仮定

1.
2. ローラー支点で、右柱に曲げモーメントは生じない。よって、「2.」は誤り。
3.
4. （正解）

1　右側か左側か　C点の曲げモーメント $_左M_C$ を算定すれば正解を見いだせる。

2　反力を求める　$\Sigma M_A = 0$ より、V_B を求める。

$$\Sigma M_A = P \cdot 3\ell - P \cdot 2\ell - V_B \cdot 6\ell = P\ell - 6V_B\ell = 0$$

$$\therefore V_B = \frac{P}{6} (\uparrow)$$

3　M_C を求める

$$_右M_C = -V_B \cdot 3\ell = -\frac{P}{6} \cdot 3\ell = -\frac{1}{2}P\ell\ (\curvearrowright \cdot \curvearrowleft)$$

できる 9-7

図のような荷重を受けるラーメンの曲げモーメント図として、正しいものは、次のうちどれか。ただし、曲げモーメント図は、材の引張側に描くものとする。

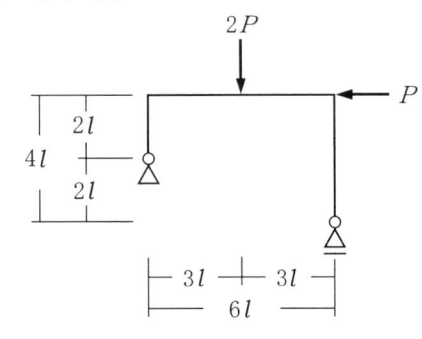

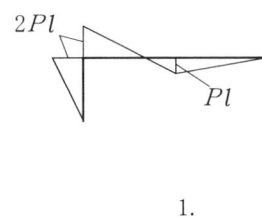

1.
2. 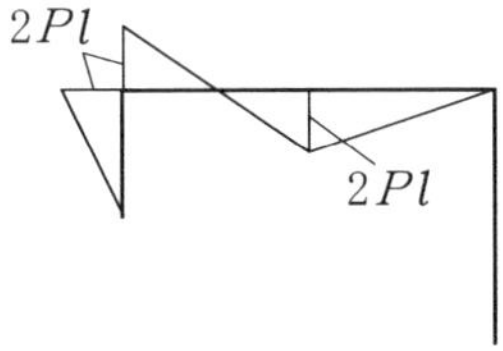
3. 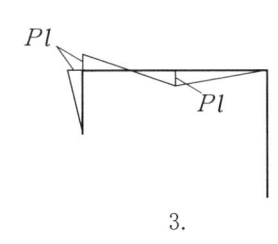
4. 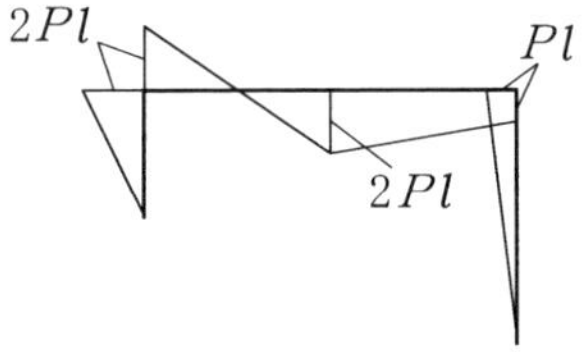

【正解：2】

9章 曲げモーメント

［用語の意味］

1. 柱の変形

9-8は、変形と曲げモーメント図の問題である。ここで、変形に関する基本的なポイントをおさえておく。

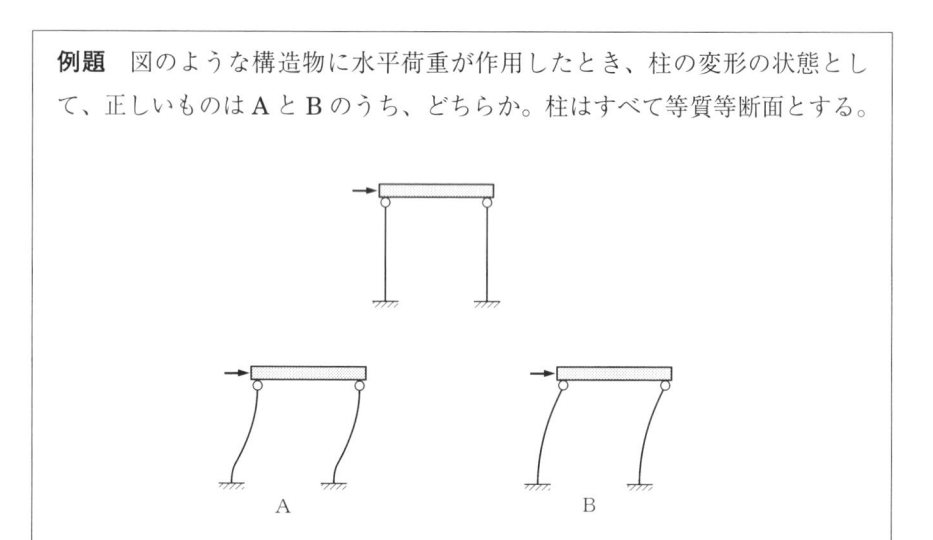

> **例題** 図のような構造物に水平荷重が作用したとき、柱の変形の状態として、正しいものはAとBのうち、どちらか。柱はすべて等質等断面とする。

部材の変形においては、次のようなイメージを描いておく。一端を固定した弾力のある針金の先端を手で水平右方向に引っ張るとき、指で軽くつまむ場合と強く握って固定させた場合の二つである。これらの場合、経験的に図のように針金が変形しそうである。

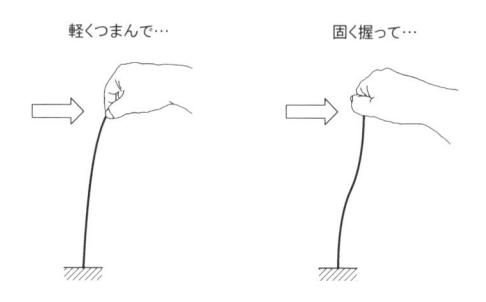

軽くつまんだ場合は、右向きの水平力によって針金の左側全体が引張となる。しかし、固定した場合は、針金の上半分と下半分で引張側が入れ替わり、曲がり方が逆になる。

　これを、上端（水平移動自由）がピンの場合と固定の場合に置き換えて考える。

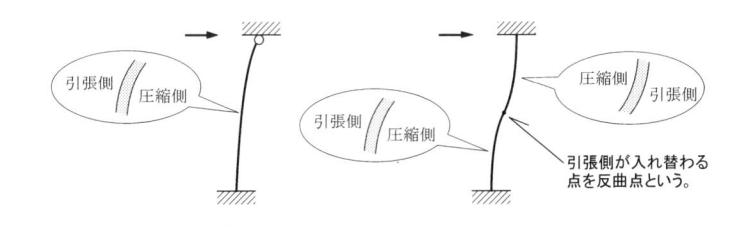

引張側／圧縮側

引張側／圧縮側　　　圧縮側／引張側

引張側が入れ替わる点を反曲点という。

　こうした柱の変形状態から、ピンの場合は、右向きの水平荷重に対して左が引張側となる。したがって、例題の正解は、Bである。材の引張側に曲げモーメント図を描けば次のとおり。

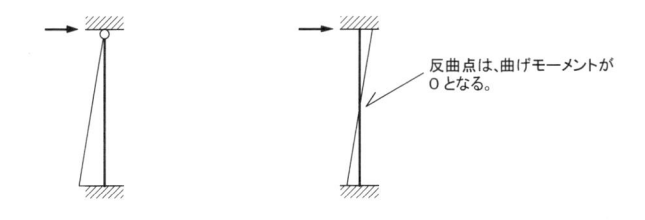

反曲点は、曲げモーメントが0となる。

　9-9、9-10、9-11は、水平力による曲げモーメントとせん断力の問題である。まず、せん断力から説明する。

2. せん断力

　せん断力は、部材をその材軸の直角方向にずらそうと働く一対の力（応力）をいう。せん断力の符号は、ちょうどはさみで部材を切るようなイメージで覚えておく。右下がりの符号（↑・↓）を＋、左下がり（↓・↑）を－とする。

　せん断力を計算する場合、本書では次の考え方を採用する。

9章　曲げモーメント

> 〈せん断力の考え方〉
> 　任意の点のせん断力の値は、その点より左右いずれか側の、材軸に対して直角に作用する外力の総和で示される。

　この考え方により、せん断力を求める場合は、まず、求めようとする点の左右どちら側の外力に着目して計算するかを決める。せん断力は、その符号をみてもわかるように一対の力で、左右とも、向きは反対だが大きさは等しくなる。

　次の図のC点は、右側から計算すると、材軸に対して直角に作用する外力は、荷重$2P$のみであるから、C点のせん断力は下向きの$2P$となる。右側が下向き↓であるから、符号は（↑•↓）で＋である。また、左側からだと、材軸に対して直角に作用する外力は、上向きの反力$3P$と下向きの荷重Pの二つあるので、差し引き、上向きの$2P$となり、今度は↑ではあるが、左側を計算したので（↑•↓）となることから、やはり符号は＋である。

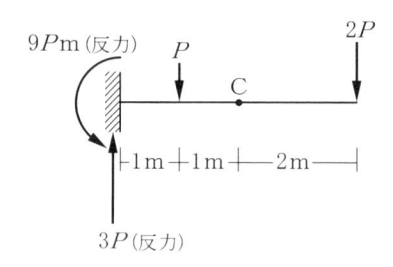

〈せん断力図（Q図）〉

　図のように、柱やはりの各点におけるせん断力の値を材軸に対して直角方向の長さとして表すとせん断力図になる。線を描く側は、設問に従えばよい。この例では、せん断力の符号は＋で、材軸の上側に描いた。

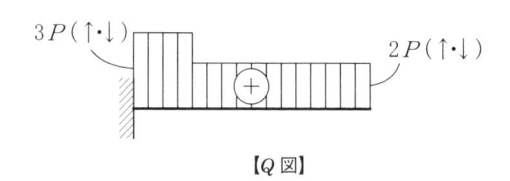

【Q図】

〈曲げモーメント図とせん断力図の関係〉

ここで、ここまでのM図とQ図をまとめて示すと次のとおり。図の右側は、荷重の配置を変えた場合である。

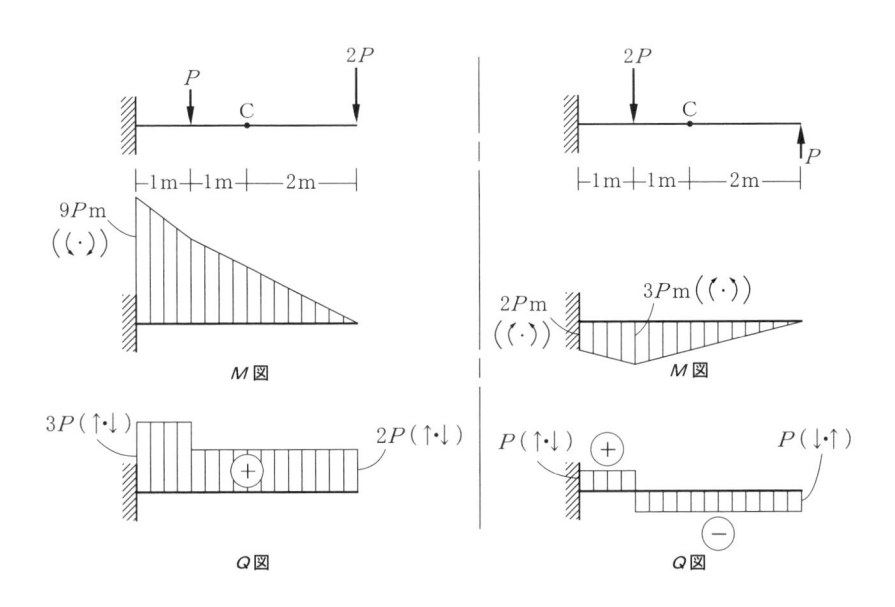

M図とQ図の関係の特徴は次のとおり。

① M図の材軸に対する曲げモーメントの大きさを表す直線が傾いていると、Q図のせん断力の大きさを表す直線は、材軸に平行となる。もし、M図のこの直線が材軸に平行であれば、せん断力は0となり、Q図にせん断力は描けない。
② M図の直線の傾きが変化すると、Q図のせん断力の大きさが変化する。
③ M図の直線の傾きが右上りから右下りに変化すると、Q図のせん断力の符号の+と-が逆転する。

3. 水平力と曲げモーメント図

9-9の問題の図は、水平力の作用する構造物で、その曲げモーメント図が示されている。この場合、次の二つの式をイメージする。

9章 曲げモーメント

(1) 水平力 $P = Q_{左柱} + Q_{右柱}$

図のような支点がピンの構造物の水平力 P と柱のせん断力 Q は、水平方向の力のつりあいから、次のような式が成り立つ。

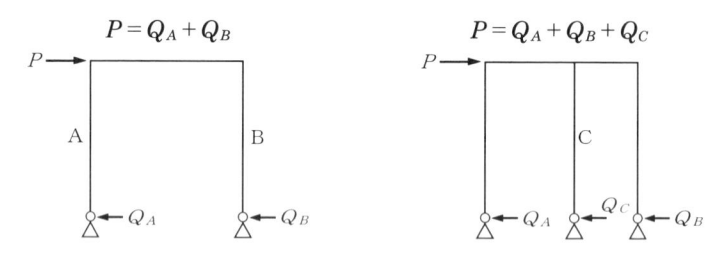

※ Q_A、Q_B、Q_C の水平力の分担比（分配）については、「2章 水平力」において、水平剛性を利用する方法をとりあげている。

(2) 材端曲げモーメントとせん断力の関係式 $Q = -\dfrac{M_1 + M_2}{l}$

9-9のように、(1) の図に、左柱の曲げモーメント図と柱の高さ l が与えられるとせん断力 Q_A を求めることができる。

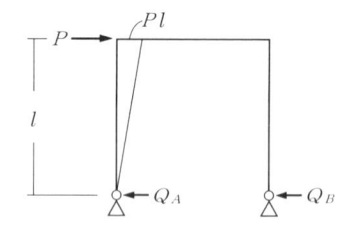

これまでモーメントは、力に距離をかけて求めていたので、モーメント M と距離 l がわかれば力（ここでは Q_A）が求められる。ここで、Q_A を求めるには、M を l で割ればよい。式を示せば次のとおり。

$$Q_A = -\frac{M}{l} = -\frac{-Pl}{l} = P \quad (\uparrow \cdot \downarrow)$$

したがって、せん断力 Q_A の値は、P で符号は + になる。なぜ、上式の M/l に − がつくかは次で説明する。

〈材端モーメント〉

①　式中の M は、材端モーメントとよばれ、部材の端部を曲げようと働くモーメントを示す。その大きさは材端に生じる曲げモーメントと等しく、図のように、曲げモーメントの符号を材端に乗せて考えればよい。回転方向は、符号の二つのモーメントのうち、部材の外側に描かれた（実線で描かれた）方のモーメントとなる。

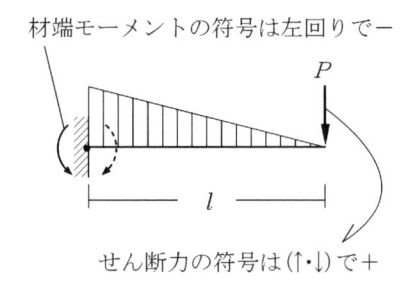

材端モーメントの符号は左回りで−

せん断力の符号は（↑・↓）で＋

②　上図からわかるように、材端モーメントは、荷重による力の（破線で描かれた）モーメントの反対回りとなる。これは、材端モーメントの符号が、せん断力の符号とはいつも逆になることを示している。そこで、せん断力 Q を求める式では、M/l の前にマイナス記号がつくことになる。

〈M と Q の関係式〉

次に、9-10 のように、構造物の支点がピンではなく固定の場合を考える。構造物の梁が剛体であれば、柱は上下端とも固定と考えられるので、「1. 柱の変形」でとりあげたように、図のような左柱の曲げモーメント図が示される。

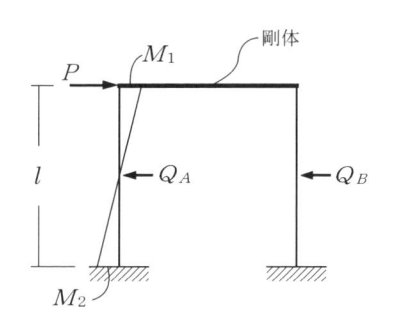

ここでも、さきのピン支点の構造物と同様に、せん断力 Q は、M を l で割ると求められる。ただし、材端モーメント M は、ピンのときと異なり、M_1 と M_2 の二つ考えられるので、それらを合計して求めなければならない。したがって、せん断力 Q を求める式は、次のとおり。

$$Q = -\frac{M_1 + M_2}{l}$$

〈M を求める〉

① せん断力がわかると部材の材端モーメントの和も求められる。柱のせん断力 Q から材端モーメントの M_1 や M_2 を求める出題もみられる。この場合、せん断力は、(曲げモーメントが 0 となる) 反曲点に作用しているものとして計算する。

この例で M_1 を求めると、Q_A の作用する反曲点の位置は、$l/2$ であるから次式で求められる。

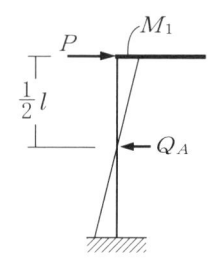

$$M_1 = -Q_A \cdot \frac{1}{2} l$$

② 反曲点の位置は、柱の両端に接続する支点や梁の剛比によって決まる。上図の例では、梁は剛体、支点は固定端であるから剛比は等しいと考え、反曲点も柱の中央に位置する。しかし、図のように梁が剛体でなければ、その剛比は固定端よりも小さくなるので、反曲点は中央より梁の方へ移動する。

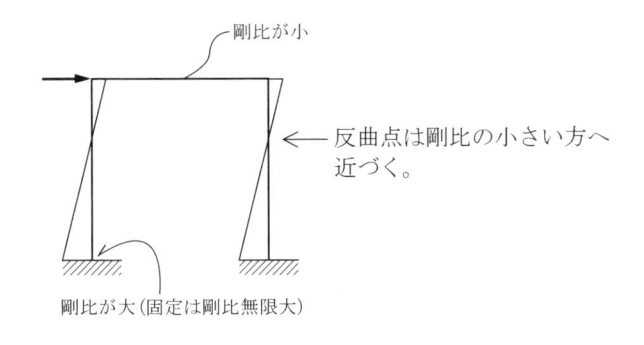

③ 剛比 k は、基準となる部材に対する各部材のたわみなどの割合を表すもので、次式で表される。

$$k = \frac{K}{K_0}$$

K：剛度

$$K = \frac{I}{l}$$

I：断面二次モーメント
l：部材の長さ
K_0：標準剛度（一般に、構造物を構成する一部材の剛度が用いられる。）

4. 節点に作用するモーメントの分割

9-13 は、節点に作用するモーメントの分割に関する出題である。

(1) 分割モーメント

基本的な設問は、「図のような構造物の O 節点にモーメント M_O が作用したとき、M_O はどのように分割（分割モーメントという）され、支点 A、B、C に到達（到達モーメントという）するか。」というものである。

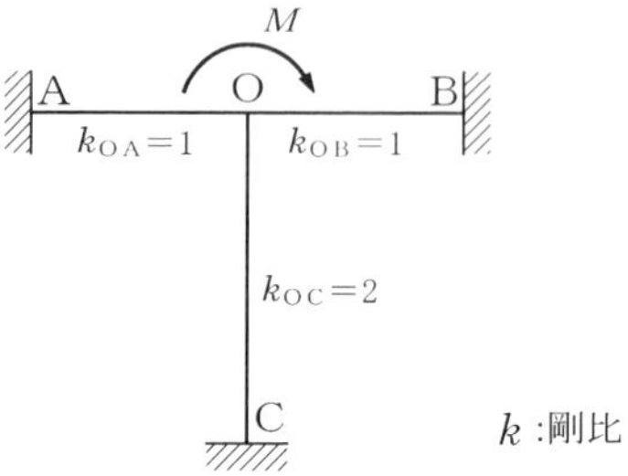
M
A
O
B
kOA=1
kOB=1
kOC=2
C
k :剛比

分割モーメントは、剛比に比例する。よって、各分割モーメントは、剛比を基準に、次式のように割りふればよい。

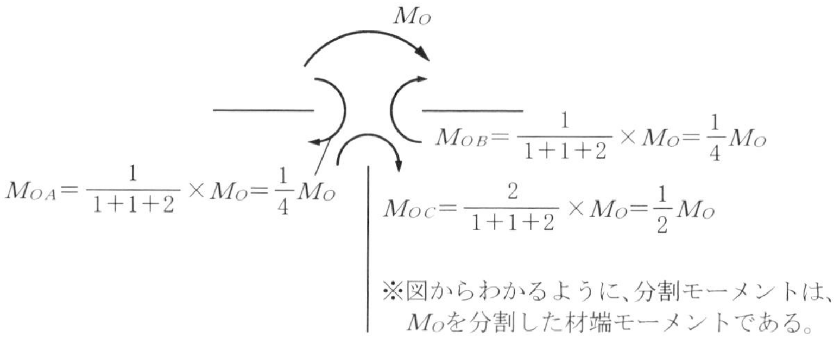
MO
MOB=1/(1+1+2)×MO=1/4MO
MOA=1/(1+1+2)×MO=1/4MO
MOC=2/(1+1+2)×MO=1/2MO
※図からわかるように、分割モーメントは、
MOを分割した材端モーメントである。

よって、節点の分割モーメントの合計は、その節点のモーメントと等しくなる。式で表せば次のとおり。

$$M_O = M_{OA} + M_{OB} + M_{OC}$$

ここで、節点にモーメントが作用していないのであれば次式となる。

$$0 = M_{OA} + M_{OB} + M_{OC}$$

したがって、**9-13** は、分割モーメントの問題であるが、節点にモーメント荷重が作用していないので、上式を使って正解が求められる。

(2) 到達モーメント

支点がピンの場合は、曲げモーメントが 0 であるから、到達モーメントも 0 になるが、固定端の到達モーメントは、分割モーメント（材端モーメント）の

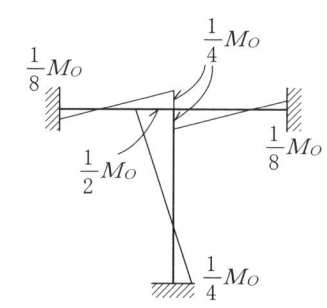

1/2 となる。前頁の構造物の曲げモーメント図を描くと次のとおり。

$\frac{1}{8}M_O$　$\frac{1}{4}M_O$　$\frac{1}{2}M_O$　$\frac{1}{8}M_O$　$\frac{1}{4}M_O$

〈M 図の描き方〉

　上図のように、曲げモーメント図を描くときに、引張側が部材のどちら側になるのかよくわからず迷う場合がある。このとき、材端モーメントの回転方向がわかるのであれば、矢印が部材に突っ込むイメージで、部材をたわませればよい。ふくらむ側が引張側である。

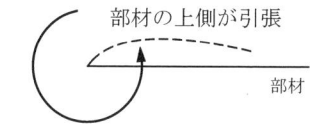

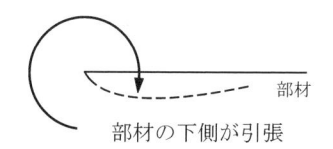

部材の上側が引張　部材

部材　部材の下側が引張

9章 曲げモーメント

わかる 9-8

手順がそのまま使えない応用問題

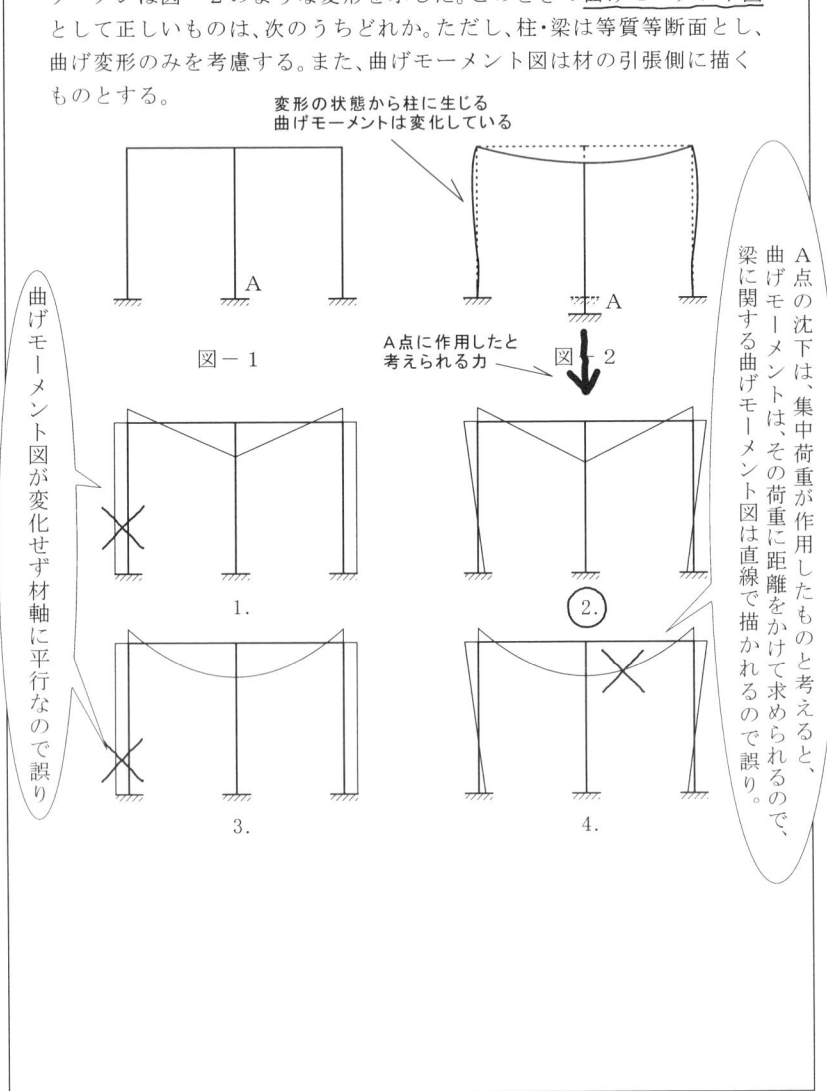

図-1のようなラーメンにおいて、A点が鉛直下向きに沈下したとき、ラーメンは図-2のような変形を示した。このときの曲げモーメント図として正しいものは、次のうちどれか。ただし、柱・梁は等質等断面とし、曲げ変形のみを考慮する。また、曲げモーメント図は材の引張側に描くものとする。

変形の状態から柱に生じる曲げモーメントは変化している

図-1

A点に作用したと考えられる力　図-2

1.　2.　3.　4.

曲げモーメント図が変化せず材軸に平行なので誤り

A点の沈下は、集中荷重が作用したものと考えると、曲げモーメントは、その荷重に距離をかけて求められるので、梁に関する曲げモーメント図は直線で描かれるので誤り。

186

できる 9-8

図のようなラーメンⅠ及びラーメンⅡの柱脚Xが矢印の方向に水平に、移動した場合、それぞれのラーメンにおける曲げモーメント図（M図）の組み合わせとして正しいものは、次のうちどれか。ただし、曲げモーメント図は材の引張側に描くものとする。

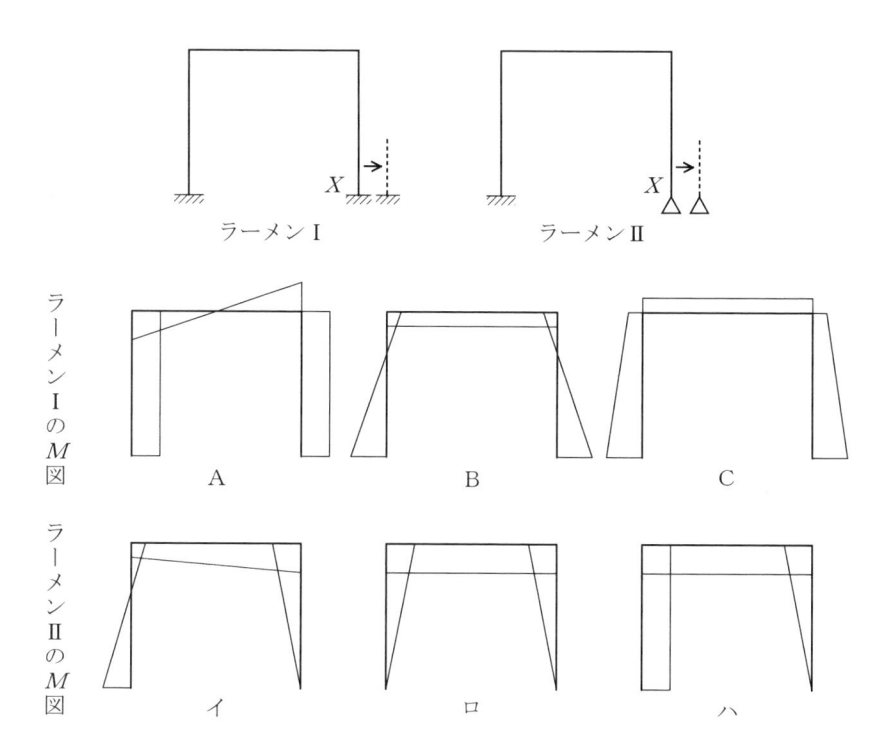

ラーメンⅠ　　　　　　ラーメンⅡ

ラーメンⅠのM図
A　　　　B　　　　C

ラーメンⅡのM図
イ　　　　ロ　　　　ハ

	ラーメンⅠのM図	ラーメンⅡのM図
1.	A	ロ
2.	B	イ
3.	C	ロ
4.	B	ハ

【正解：2】

9章 曲げモーメント

わかる 9-9

手順がそのまま使えない応用問題

水平力とM図をみたら
$Q = -\dfrac{M_A + M_B}{l}$ $P = Q_{左柱} + Q_{右柱}$

図-1のような骨組みに水平力$3P$が作用し、図-2に示すような曲げモーメントが生じてつりあった場合、部材Aに生じる引張力として、正しいものは、次のうちどれか。ただし、曲げモーメントは、材の引張側に描くものとする。

① 曲げモーメント図から、曲げモーメントとせん断力の関係式を使って、柱のせん断力を計算する。

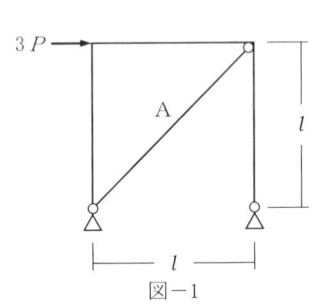

$-\dfrac{0-Pl}{l}$

図-1 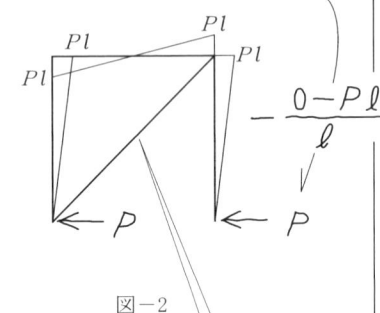 / 図-2

1. $\dfrac{1}{2}P$
2. $\dfrac{\sqrt{2}}{2}P$
3. P
4. $\sqrt{2}P$ ←(正解)

② 構造物に生じる水平方向の力(荷重、柱と斜材のせん断力)のつりあいから、斜材が負担すると考えられる水平方向の力xを算定する。

$3P - P - x - P = 0$
$\therefore x = P(\leftarrow)$

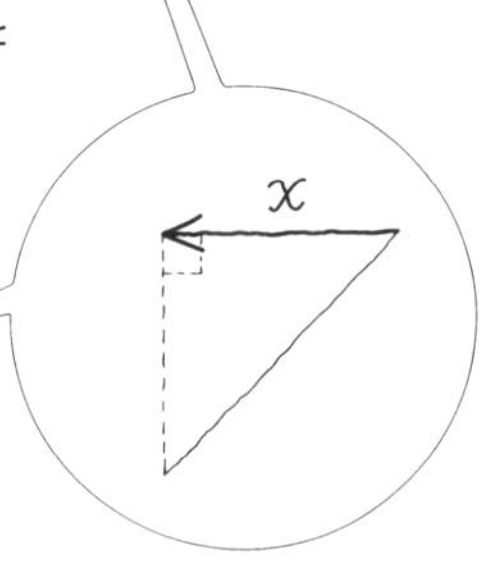

③ 斜材の水平方向の力Pから、直角三角形の3辺の比を用いて、斜材の軸方向力Nを求める。

$N : \sqrt{2} = P : 1$
$\therefore N = \sqrt{2}P$

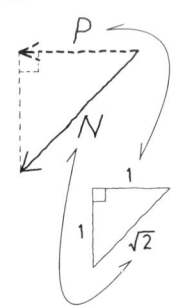

188

できる 9-9

図−1のような骨組みに水平力5Pが作用し、図−2に示すような曲げモーメントが生じてつりあった場合、部材Aに生じる引張力として、正しいものは、次のうちどれか。ただし、曲げモーメントは、材の引張側に描くものとする。

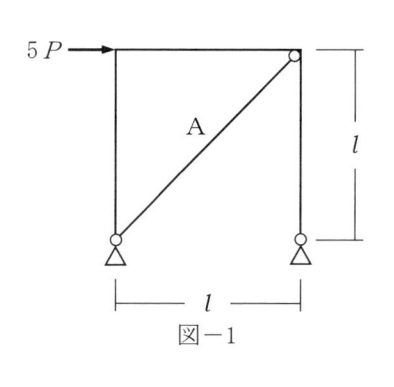

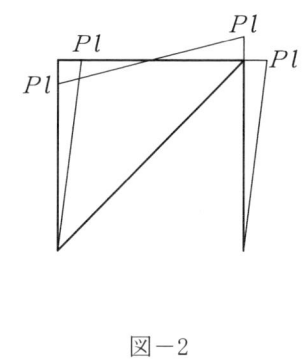

図−1

図−2

1. $4P$

2. $3\sqrt{2}\,P$

3. $2P$

4. $\dfrac{\sqrt{2}}{3}P$

【正解：2】

9章　曲げモーメント

わかる 9-10

> この問題には、曲げモーメント図はみられないが、前問の類題である。
> ただし、ここでは解く手順が逆になる。

図のような構造物に水平荷重100kNが作用したとき、部材ＢＣの引張力Ｔは50kNであった。このとき、柱ＡＢのＡ点における<u>曲げモーメント</u>の絶対値として、正しいものは、次のうちどれか。ただし、梁は剛体とし、柱ＡＢ及びＣＤは等質等断面で伸縮はないものとする。

1.　30.0 kNm
2.　37.5 kNm
3.　**45.0 kNm**
4.　60.0 kNm

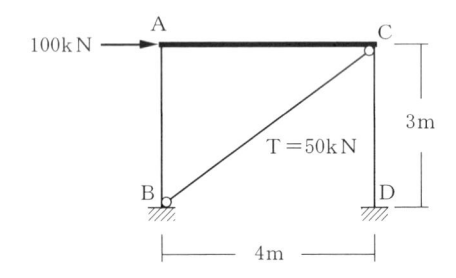

① 斜材の引張力（軸方向力）50kNから、直角三角形の3辺の比を用いて、斜材が負担すると考えられる水平方向の力 Q_{BC} を計算する。

$$Q_{BC} : 4 = 50 : 5$$
$$5Q_{BC} = 200$$
$$Q_{BC} = 40 kN$$

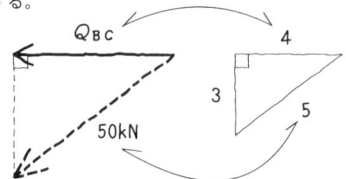

② 構造物に作用する水平荷重から、斜材の負担する水平方向の力 Q_{BC} を差し引くことで、両柱のせん断力が算定できる。片柱のせん断力は、与えられた条件などから2で割ればよい。

$$(100kN - 40kN) \div 2 = 30kN$$

③ 柱（部材ＡＢ）の曲げモーメントの値は、曲げモーメントとせん断力の関係式を使って求める。

$$-\frac{M_A + M_B}{3m} = -30kN$$

柱の材端支持条件がＡ、Ｂとも固定で同一であるから、図のように反曲点は部材の中央となり、$M_A = M_B$ より、

$$2M_A = 90kNm$$
$$\therefore M_A = 45kNm$$

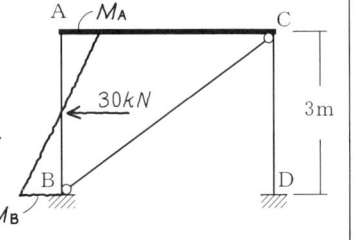

できる 9-10

図のような構造物に水平荷重80kNが作用したとき、部材BCの引張力Tは50kNであった。このとき、柱ABのA点における曲げモーメントの絶対値として、正しいものは、次のうちどれか。ただし、梁は剛体とし、柱A及びCDは等質等断面で伸縮はないものとする。

1. 30.0 kNm
2. 37.5 kNm
3. 45.0 kNm
4. 60.0 kNm

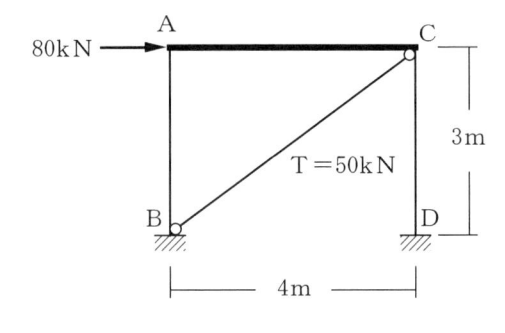

【正解：1】

9章 曲げモーメント

わかる 9-11

手順がそのまま使えない応用問題

水平力とM図をみたら
$$Q = -\frac{M_A + M_B}{l} \quad P = Q_{左柱} + Q_{右柱}$$

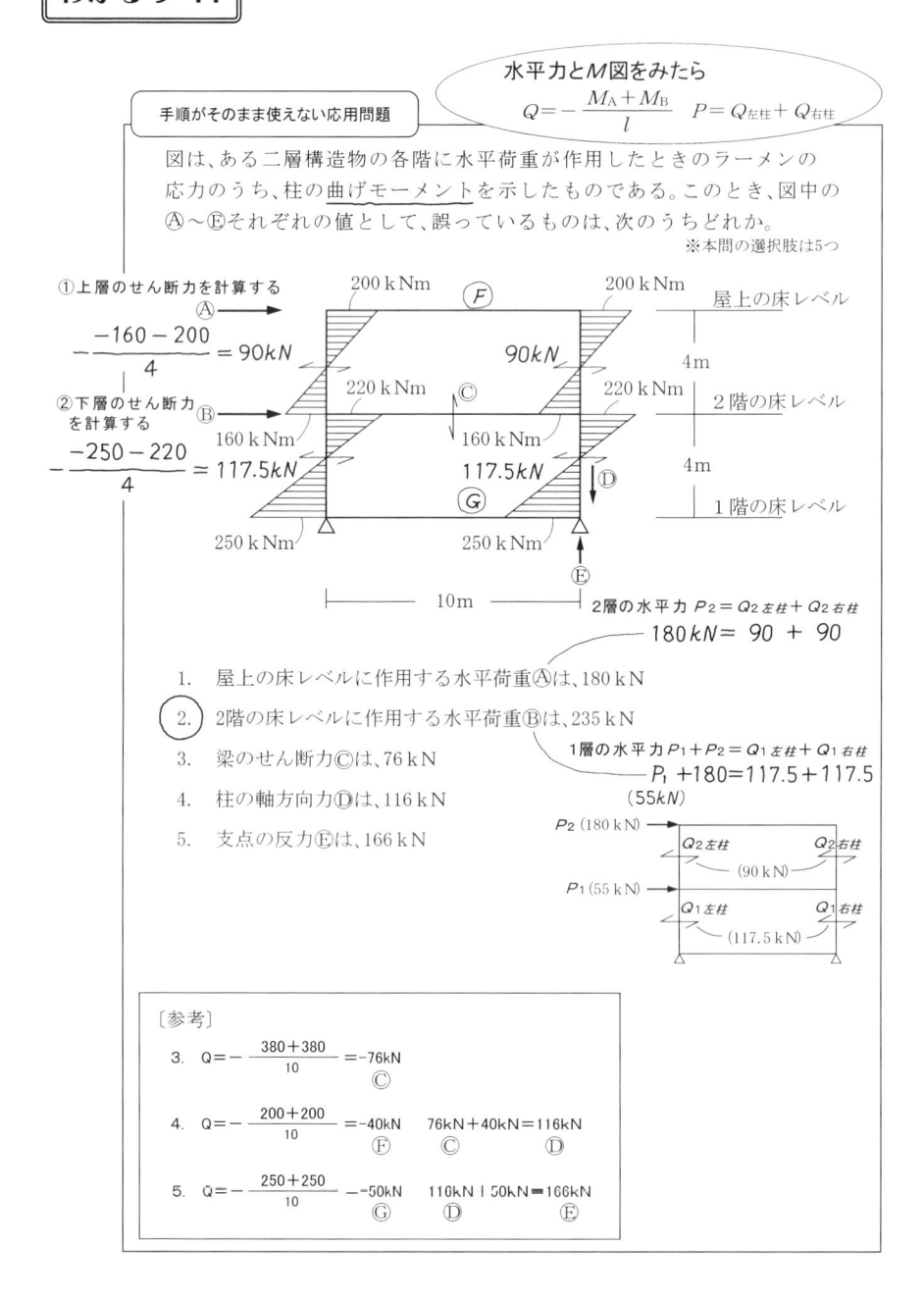

図は、ある二層構造物の各階に水平荷重が作用したときのラーメンの応力のうち、柱の曲げモーメントを示したものである。このとき、図中の Ⓐ～Ⓔ それぞれの値として、誤っているものは、次のうちどれか。

※本問の選択肢は5つ

①上層のせん断力を計算する Ⓐ
$$-\frac{-160 - 200}{4} = 90\,kN$$

②下層のせん断力を計算する Ⓑ
$$-\frac{-250 - 220}{4} = 117.5\,kN$$

200 kNm Ⓕ 200 kNm 屋上の床レベル
90 kN   4m
220 kNm Ⓒ 220 kNm 2階の床レベル
160 kNm 160 kNm
117.5 kN Ⓖ 117.5 kN Ⓓ 4m
250 kNm 250 kNm Ⓔ 1階の床レベル
10 m

2層の水平力 $P_2 = Q_{2左柱} + Q_{2右柱}$
180 kN = 90 + 90

1. 屋上の床レベルに作用する水平荷重Ⓐは、180 kN
2. 2階の床レベルに作用する水平荷重Ⓑは、235 kN
3. 梁のせん断力Ⓒは、76 kN
4. 柱の軸方向力Ⓓは、116 kN
5. 支点の反力Ⓔは、166 kN

1層の水平力 $P_1 + P_2 = Q_{1左柱} + Q_{1右柱}$
$P_1 + 180 = 117.5 + 117.5$
(55 kN)

P_2 (180 kN) — $Q_{2左柱}$ (90 kN) $Q_{2右柱}$
P_1 (55 kN) — $Q_{1左柱}$ (117.5 kN) $Q_{1右柱}$

[参考]

3. $Q = -\dfrac{380 + 380}{10} = -76\,kN$ Ⓒ

4. $Q = -\dfrac{200 + 200}{10} = -40\,kN$ $76\,kN + 40\,kN = 116\,kN$
    Ⓕ   Ⓒ   Ⓓ

5. $Q = -\dfrac{250 + 250}{10} = -50\,kN$ $110\,kN + 50\,kN = 166\,kN$
    Ⓖ   Ⓓ   Ⓔ

できる 9-11

図は、ある二層構造物の各階に水平荷重が作用したときのラーメンの応力のうち、柱の曲げモーメントを示したものである。このとき、図中のⒶ～Ⓔそれぞれの値として、誤っているものは、次のうちどれか。

※本問の選択肢は5つ

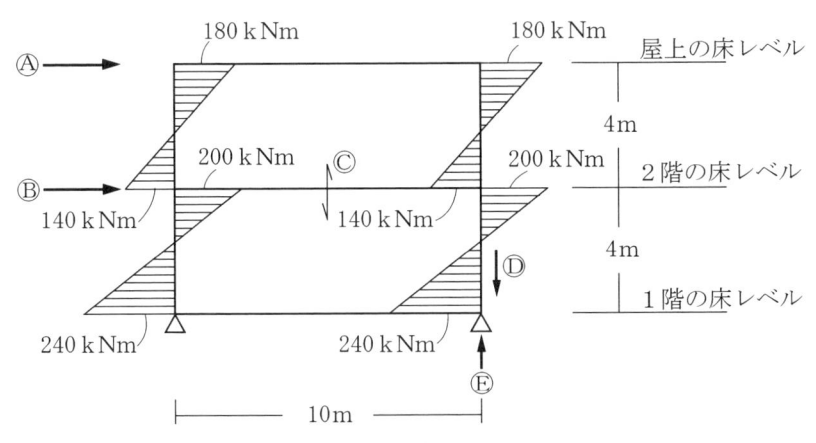

```
            180kNm              180kNm
Ⓐ→ ┌─────────────────┐           屋上の床レベル
   │                  │           ↕4m
   │  200kNm    Ⓒ    200kNm      2階の床レベル
Ⓑ→ ├─────────────────┤
     140kNm      140kNm           ↕4m
   │                Ⓓ↓
   │                  │           1階の床レベル
   240kNm△   240kNm △
                       Ⓔ
   ├────── 10m ──────┤
```

1. 屋上の床レベルに作用する水平荷重Ⓐは、160kN
2. 2階の床レベルに作用する水平荷重Ⓑは、60kN
3. 梁のせん断力Ⓒは、68kN
4. 柱の軸方向力Ⓓは、104kN
5. 支点の反力Ⓔは、150kN

※5. $Q = -\frac{240+240}{10} = -48 kN$ $104 + 48 = 152 kN$

【正解：5】

9章 曲げモーメント

わかる 9-12

手順がそのまま使えない応用問題

図は120 kNの荷重が作用し、柱脚に100 kN·mの曲げモーメントが生じてつりあったときの曲げモーメント図を示している。このとき、部材Aの引張力の値として、正しいものは、次のうちどれか。ただし、柱脚は固定とし、他はピン接合とする。また、図中の曲げモーメントは柱の引張縁側に示されている。

① 図のように、Nと支点に生じる反力を計算して書き込む。

1. 20 kN
2. 40 kN
③. 60 kN
4. 80 kN

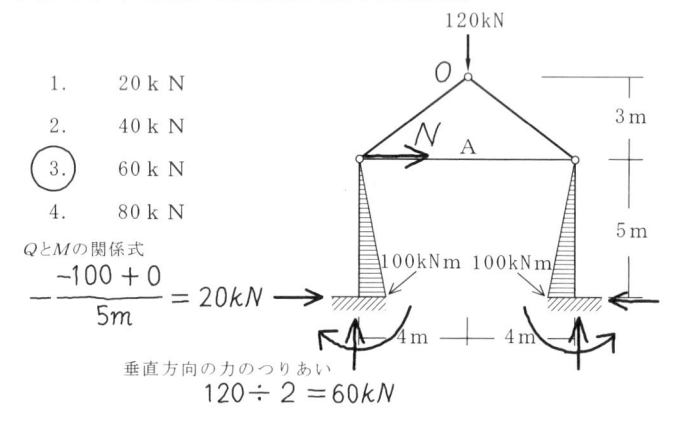

QとMの関係式

$$-\frac{-100 + 0}{5m} = 20kN \rightarrow$$

垂直方向の力のつりあい

$$120 \div 2 = 60kN$$

② O点はピンであるから曲げモーメントが0となることに注目して、$_左M_O = 0$からNを求める。

$$_左M_O = 100kNm + 60kN \times 4m - 20kN \times 8m - N \times 3m$$
$$= 180kNm - N \times 3m = 0 \quad \therefore N = 60kN(\rightarrow)$$

〔参考図〕

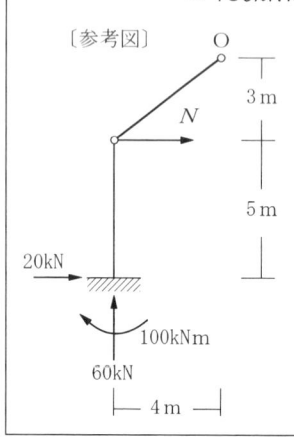

できる 9-12

図は105kNの荷重が作用し、柱脚に150kN・mの曲げモーメントが生じてつりあったときの曲げモーメント図を示している。このとき、部材Aの引張力の値として、正しいものは、次のうちどれか。ただし、柱脚は固定とし、他はピン接合とする。また、図中の曲げモーメントは柱の引張縁側に示されている。

1. 20 kN
2. 40 kN
3. 60 kN
4. 80 kN

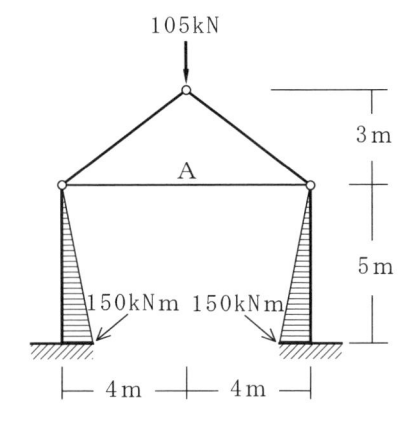

【正解：2】

9章 曲げモーメント

わかる 9-13

手順がそのまま使えない応用問題

荷重Pの作用により、部材OAのO点の材端モーメントはPlとなる。これを部材OBと部材OCの剛比で分割するが、両部材は、等質等断面でその長さも等しいので剛比も等しく、2等分すればよい。

図のような荷重Pを受けるラーメンの曲げモーメント図として、正しいものは、次のうちどれか。ただし、すべての部材は等質等断面とし、図のA点は自由端、O点は剛接合とする。また、曲げモーメントは材の引張側に描くものとする。

O点に作用するモーメントはないので
$0 = M_{OA} + M_{OB} + M_{OC}$
∴ $M_{OA} = -M_{OB} - M_{OC}$
材端モーメントは左回りとなる。

材端モーメントが右回りで誤り

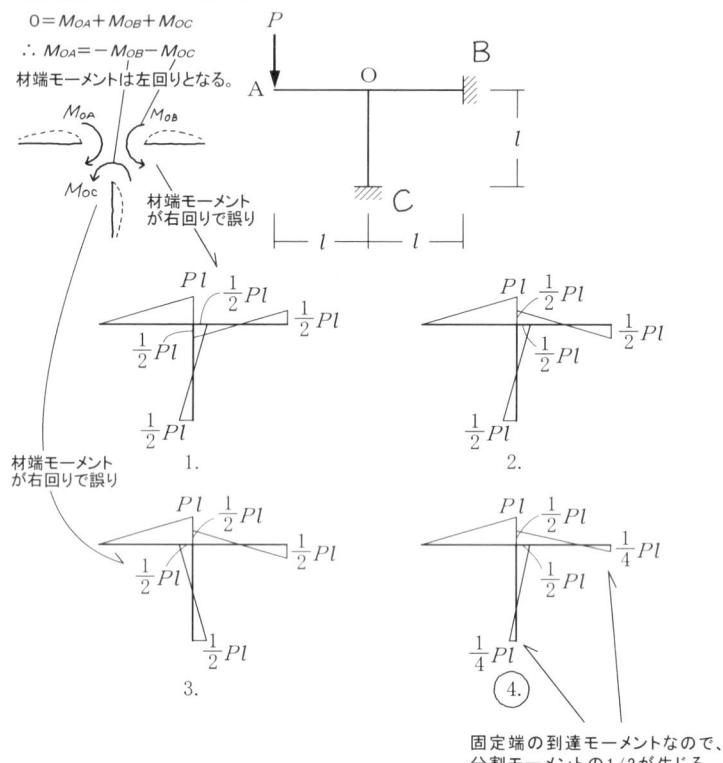

1.
2.
3.
4.

固定端の到達モーメントなので、分割モーメントの1/2が生じる。
よって、到達モーメントは$(1/4)Pl$である。

できる 9-13

図のような荷重 P を受けるラーメンの曲げモーメント図として、正しいものは、次のうちどれか。ただし、すべての部材は等質等断面とし、図の A 点は自由端、O 点は剛接合とする。また、曲げモーメントは材の引張側に描くものとする。

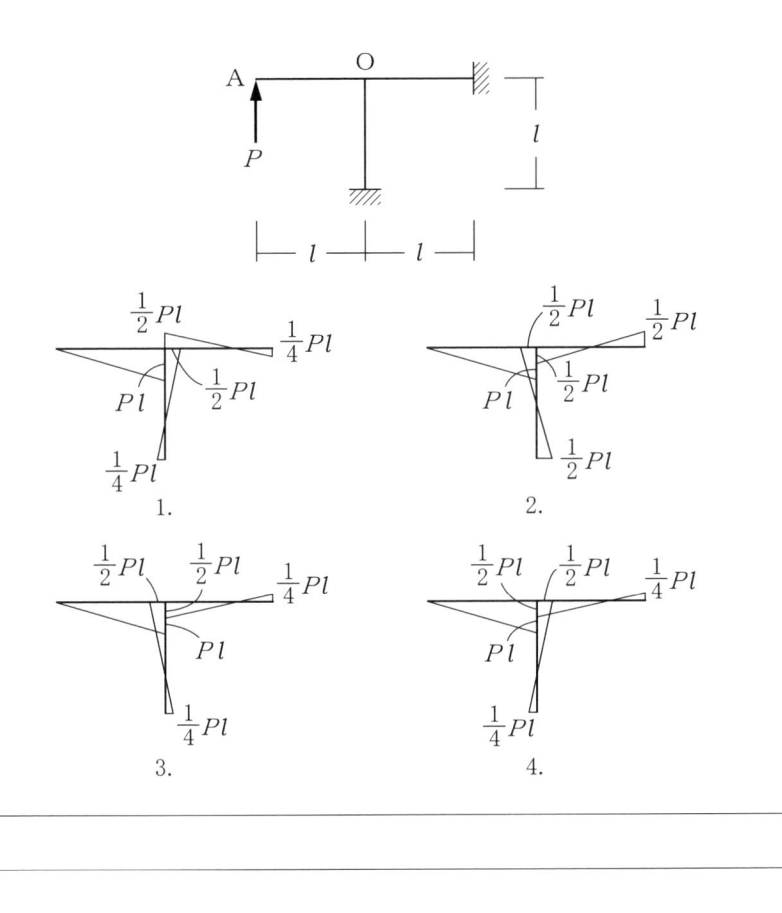

【正解：3】

〈著者略歴〉

本田 忠彦（ほんだ ただひこ）
昭和54年　中央大学卒業
　　　　　早稲田大学大学院を経て福岡大学大学院博士課程を修了
現　　在　本田設計事務所主宰
　　　　　南九州大学非常勤講師

- 本書の内容に関する質問は，オーム社ホームページの「サポート」から，「お問合せ」の「書籍に関するお問合せ」をご参照いただくか，または書状にてオーム社編集局宛にお願いします．お受けできる質問は本書で紹介した内容に限らせていただきます．なお，電話での質問にはお答えできませんので，あらかじめご了承ください．
- 万一，落丁・乱丁の場合は，送料当社負担でお取替えいたします．当社販売課宛にお送りください．
- 本書の一部の複写複製を希望される場合は，本書扉裏を参照してください．
  JCOPY ＜出版者著作権管理機構　委託出版物＞

解き方を覚えて弱点克服！
一級建築士合格　構造力学

2014年 5月20日　第1版第1刷発行
2025年 4月10日　第1版第12刷発行

著　者　本田忠彦
発行者　髙田光明
発行所　株式会社　オーム社
　　　　郵便番号　101-8460
　　　　東京都千代田区神田錦町3-1
　　　　電話　03(3233)0641(代表)
　　　　URL　https://www.ohmsha.co.jp/

© 本田忠彦 2014

組版　タイプアンドたいぽ　印刷　中央印刷　製本　協栄製本
ISBN978-4-274-21558-2　Printed in Japan